파리의 심리학 카페

흔들리는 삶의 중심을 되찾는 29가지 마음 수업

Les pieds dans le Moi

파리의 심리학 카페

모드 르안 지음
김미정 옮김

클랩북스

여기까지 오느라
그동안 많이 힘드셨죠?

수많은 사람이 예찬하는 찬란하고 아름다운 도시, 파리. 그러나 그 휘황한 도시의 한구석엔 갖가지 사연들로 인해 인생의 바닥에 굴러떨어진 사람들이 있다.

이 책의 저자 모드 르안 역시 그런 사람이었다. 일곱 살에 아버지에게 버려져 탁아소에 맡겨진 어린 시절을 보냈다. 어른이 된 후에야 비로소 온전히 자신을 사랑해 주는 사람을 만나 결혼했으나 아들이 태어난 직후 남편은 뇌출혈로 사망한다. 간신히 붙든 행복이 모래성처럼 허탈하게 무너졌을 때, 그는 자신의 인생도 놓아버리기로 한다. 주인 없이 떠도는 인생을 우울증과 알코올 중독이 날름 집어삼켰다.

여기까지였다면, 그는 그저 실패하고 망가진 인생의 전형으로 자신과 주변 사람들의 삶을 갉아먹으며 살다가 조용히 이 세계에서 사라졌을 것이다. 그러나 모드 르안은 정신분석 치료와 심리학을 통해 그 깊은 늪으로부터 빠져나온다. 자신에게 들러붙은 온갖 상처의 진흙 덩어리들을 떨어내고서, 희망 쪽으로 향하려는 발목을 끈질기게 붙잡고 늘어지는 그 상처와 우울의 늪으로부터 기어이 한 발 한 발씩 떼어가며 그는 세상 속으로, 사람들 곁으로 걸어 나온다. 그리고 자신의 두 번째 삶을 시작한다. '파리의 심리학 카페'를 열고서 마음 아픈 사람들을 치유하기 시작한 것이다.

지금은 저마다 자기 상처가 제일 아프다 호소하며, 왜 나를 알아주지 않느냐고 여기저기서 인정욕구와 분노를 터뜨리는 시대이다. 비틀린 마음을 가진 사람들을 관찰하고 지긋하게 묻는 것이 업이었던 나는 아슬아슬한 마음으로 이토록 아파하는 세상 사람들을 바라본다. 그리고 도무지 이겨낼 수 없을 것 같았던 자기 상처를 끝까지 건너본 모드 르안을 보고 깨달았다. 아, 나만 아픈 게 아니었구나. 당신도 아프구나. 그러니 많이 아팠던 내가 지금 아픈 당신을 알아채 줄 수 있겠구나. 우리는 그렇게 서로를 도울 수 있는 것이로구나.

30년간 강력계 형사로 살았던 나는 모드 르안의 『파리의 심리학 카페』를 읽은 뒤 인생의 행로를 바꾸었다. 지금 나는 제주에

서재를 열고 그곳에서 사람들의 마음을 읽는 연습을 하고 있다. 내 인생 2막, 모드 르안을 꿈꾼다. 내가 책장과 의자 하나까지 공들여 짠 내 제주 서재는 '파리의 심리학 카페'를 닮고 싶다. 머지않아 나도 내 서재를 '제주의 심리학 카페'로 오픈할 수 있겠지. 그 서재의 한가운데엔 이 책이 꽂혀 있을 것이다. 그리고 나는 '제주의 심리학 카페'를 찾는 이들에게 이 책을 권하고, 또 나 자신도 거듭 이 책을 읽으며 마음을 다잡을 것이다. 19년간 사람들을 치유한 모드 르안처럼 내가 부디 지치지 않고 마음 아픈 사람들의 이야기를 들을 수 있기를. 그렇게 내가 당신을, 당신이 나를 위로하고 치유할 수 있기를.

1997년 그녀가 심리학 카페를 연 뒤에 만난 첫 손님을 그녀는 잊지 못한다고 했다. "여기까지 오는데 힘드셨죠?" 한마디를 건넸을 뿐인데 손님은 이미 울고 있었다고 했다. 나는 이런 얼굴과 마음들을 잘 안다. 낯선 이의 친절한 인사 한마디에 무너지는 마음을, 그저 수고했다고 그간 너무 힘들었겠다는 말을 듣고 싶었을 그 연약하고 서러운 마음을……. 타인의 마음과 그가 살아낸 역사를 듣는 법을 알려준 모드 르안에게 감사한다. 나는 이 책에서 내 앞에 앉아 안간힘을 다해 울음을 참고 있는 한 사람에게 첫마디를 건네는 법을 배웠다. 이 말을 지금 이 책을 집어 든 당신에게 돌려주고 싶다.

“여기까지 오느라 많이 힘드셨죠? 굳이 멀리 가지 않아도 지금 당신 눈앞에 ‘파리의 심리학 카페’가 열렸으니, 이젠 여기서 잠시나마 실컷 울고 가셔도 됩니다.”

박미옥 (『형사 박미옥』 저자)

파리 사람들은 문득
삶이 버거운 날에 이곳을 찾는다

목요일 7시, 파리의 한 지하 카페에는 사람들이 가득 차 있었다. 심리학 카페라고는 하나, 흔히 생각하는 환자용 카우치는 없다. 긴 의자를 두어 많은 이들에게 앉을 수 있는 자리를 제공하고, 사람들은 샐러드를 입에 넣으며 자기 걱정거리나 콤플렉스, 이별의 슬픔, 혹은 지극히 개인적인 가족 문제를 털어놓는다. 서로 이야기를 나누고, 질문을 던지고, 들어주고, 조언을 해 주고, 함께 울고 웃고……. 1997년부터 현재까지 매주 파리 바스티유의 한 카페에서 열리는 '심리학 카페Café-Psy' 이야기다. 프랑스에 번진 철학 카페 열풍에 힘입어 프랑스 최초의 심리학 카페를 연 쉰두 살의 경험 많은 심리 상담가 모드 르안. 그녀가 그곳에 있었다.

"파리에서 인기를 끌고 있는 철학 카페를 떠올려 보세요. 그곳에서는 지식인들이 모여 하이데거의 '왜 세상은 무無가 아니라 유有인가?' 같은 질문을 가지고 씨름하지요. 자기 문제를 이야기 한다고는 하지만 추상적인 수준에서 머물 뿐 정작 개인적인 고민이나 이야기를 나눌 기회가 없다는 걸 깨달았어요."

카페 안의 사람 중 1/3 정도는 여러 번 와서 익숙한 모습이었고, 새로 온 사람들과 조용히 침묵을 지키고 있는 사람들이나 수다를 떠는 사람들도 보였다. 이들은 이 카페에서 외로움, 부부 문제, 가까운 이를 먼저 떠나보낸 후 겪는 슬픔에 대해 털어놓고 있었다. 모르는 사람들이 지켜보는 가운데 익명으로 자기 자신을 드러낼 수 있다는 사실이 그들을 자유롭게 만들었다. 단, 주제는 '살아가면서 자신이 겪는 고통'이며 숨김없이 자기 속내를 드러내야 한다는 원칙이 있었다. 정기적으로 참석하는 사람들의 얼굴에서는 확실히 만족감이 느껴졌다. 가스펠 가수 카멜은 이렇게 말했다. "사람들은 여기에 와서 비로소 자기 자신에 대해 이야기할 수 있어요. 혼자가 아닌 이곳에서는 다른 이들이 자기를 판단할까 봐 걱정하지 않아요." 그저 카페에 와서 여러 이야기를 듣고만 가는 사람도 많았다. "저는 다른 이들의 경험을 듣는 게 흥미로워요. 내 인생에서 만나는 문제들과 비슷하거든요." 연금을 받아 생활하며 종종 파리의 심리학 카페를 찾는 파니 몰오의 말이다.

지금까지 이 카페에서 다루어진 주제는 고독과 침묵, 공격성, 거절하지 못하는 성격 등이 있었다. 내가 참가한 모임에서, 르안은 모두에게 눈을 감게 하고 각자 열두 살 시절 자신에게 가장 중요했던 인물 하나를 떠올려보라고 했다. 한 여성은 영어 선생님이라고 답했고, 다른 사람은 수녀님을 꼽았다. 한 남자는 그의 지독한 계부에 대해 이야기했다. 그는 과거의 자신은 엄청난 배불뚝이였다고 고백했고, "이제 그 사람과 떨어져 있게 되어 비로소 나는 내 허리를 찾았어요."라며 심각한 얼굴로 덧붙였다.

르안은 사람들과 대화하며 그들이 왜 그 주제를 꺼내는지, 무엇을 말하고 듣고 있는지에 관심을 가졌고, 그 과정에서 자신의 역할은 변화를 이끌어 내는 '기폭제'가 되는 것이라고 말했다. "나는 이곳에서의 매주 두 시간이 사람들에게 문을 열어 줄 거라고 생각해요. 그 시간은 사람들의 마음속에서 무언가를 촉발하게 할 것이고 그건 분명 큰 변화로 이어질 겁니다."

이 모임에 정기적으로 참여한다는 클로딘은 이렇게 말했다. "모드 선생님은 정말 중요한 몇 마디를 해 주는데 그로 인해 제 문제를 깊이 생각해 보게 돼요. 이 시간은 저에게 분명 큰 도움이 되고 있어요."

영국 〈인디펜던트〉 기자,

이안 필립스의 체험 수기

심리 상담가인 내가 병원이 아닌 카페로 출근하는 이유

처음으로 심리학 카페를 연 날, 바스티유의 한 카페에 띄엄띄엄 앉아 있는 4명을 향해 저는 떨리는 마음을 추스르고 용기 내어 말했습니다.

"잘 오셨어요, 여기까지 오시는데 힘드셨지요?"

그러고는 심리학 카페를 열게 된 취지를 이야기하려는 찰나, 갑자기 한 아가씨가 눈물을 보이더니 고개를 숙이고 흐느끼기 시작했습니다. 한번 터진 눈물은 멈출 줄을 몰랐고, 초짜 심리학자였던 저는 돌발 상황에 당황해 어찌할 바를 몰랐습니다. 다른 사람들도 마찬가지였어요. 다행히 그녀에게 울지 말라고 말하는 사람은 없었고 그렇게 마른침만 삼키고 있었습니다. 얼마나 지났을까, 한참을 서럽게 울던 그녀가 울음을 그치고 천천히 입을 열었습니다.

"죄송해요. 저도 제가 이렇게 힘들어하는 줄 몰랐어요. 그래도 울고 나니 속은 참 시원하네요."

그녀는 얼마 전 평생 함께할 거라 믿은 남자와 헤어졌고, 8년간 일한 회사에서 정리 해고 대상자가 되었다고 말했습니다.

사람들 앞에서는 약한 모습 보이기 싫어서, 흔들림 없이 단단한 사람으로 보이고 싶어서 아무렇지 않은 척했는데 막상 제가 "힘드셨지요?"라고 한 순간 그동안 참아 온 울음이 터져 버렸다고 했습니다. 저는 그때 결심했어요. 힘든 줄도 모르고 정신없이 사는 사람들을 위해 심리학 카페가 자신을 돌아보는 계기가 되어 줄 수 있도록 만들어 주고 싶다고요.

우는 그녀의 모습이 머릿속에 강렬하게 남은 이유는 어쩌면 그 모습에서 예전의 저를 떠올렸기 때문인지도 모르겠습니다. 저 역시 나 자신을 위해 울 줄 모르는 사람이었으니까요. 어릴 적부터 '나는 사랑받을 자격이 없다'는 자괴감에 시달리다 보니 버릇처럼 과도한 책임을 짊어지고, 늘 더 잘해야 한다고 스스로를 다그치고, 부담스러운 부탁도 거절하지 못하는 등 사랑받기 위해서는 뭔가를 해야만 한다고 여겼습니다. 나 자신을 사랑하기는커녕 혹독한 검열관처럼 스스로를 몰아세우기에 급급했던 것입니다.

제가 심리 상담을 한 지도 18년이 넘었네요. 저는 프로이트와 게슈탈트 심리이론을 공부했고, 최신 심리학 이론들을 계속해서 연구하고 있어요. 저는 제가 과거에 겪은 '인생의 쓴맛'이 심리학 카페를 찾아온 고독한 사람들에게 어떤 이야기를 해줘야 할지, 또 그들을 어떻게 대해야 할지 도움이 됐다고 생각합니다.

어린 시절 부모로부터 방치되었던 경험, 사랑받기 위해 안간힘을 썼던 기억들로 인해 저는 늘 "아, 모르겠다. 너무 힘들어. 내일 생각해야겠다."라는 말을 반복하며 지냈어요. 일곱 살에서 열여덟 살까지 기숙학교에서 지내며 매주 토요일이면 가방을 들고 부모가 데리러 오길 기다렸던 기억, 자기 딸을 도빌의 어느 호텔에 짐과 함께 내버려 둔 채 사라진 아버지에 대한 기억, 이와 같은 부재의 경험으로 얼룩진 성장기를 거쳐 저는 스물세 살에 다시 한번 아픔을 겪게 되지요. 남편이 저녁 도중 갑작스러운 뇌출혈로 제 곁을 떠났습니다. 그때는 정말…… 절망 가운데 빠져 지냈던 나날이었어요. 겨우 살아있었지만, 마음속으로는 완전히 시체처럼 지냈지요. 한번 울기 시작하면 절대 그치지 못할 거라고 생각했던 나날이었습니다.

한마디로 말해 '자기 자신을 잃어버린 상실의 시간'이었습니다. 나 자신을 방치한 채 그저 술에 의지할 수밖에 없었습니다. 그러던 1969년 저는 정신 분석 상담을 받기로 했습니다. 소중한 제 아이를 위해서라도, 오랫동안 내버려 둔 저의 삶을 되찾고 앞으로 나아가야 했거든요. 그렇게 성취의 기쁨뿐 아니라 상실의 아픔까지도 인생의 일부로 받아들이고 그 감정을 하나하나 누렸습니다. 정신을 차리고 보니 과거의 나처럼 스스로를 아끼고 사랑하지 못하는 사람이 꽤 많다는 사실을 알게 되었습니다. 매사 자신을 탓하고 참고 견디면서 자신의 상처를 모른 체하는 사람들을 만날 때마다 그게 내 일처럼 가슴이 아팠습니다. 자기가 아픈 줄도 모른 채 끊임없이 자신을 다그쳐 왔을 그들을 더는 두고 볼 수 없었습니다. 결국 마흔여덟 살에 하던 일을 접고 학교에 들어가 게슈탈트 심리학을 공부하기 시작해 3년 후 심리 상담소를 개원했고, 1년 뒤 심리학 카페의 문을 열었습니다.

이 책에는 5만 명의 상처 입은 영혼을 위로하며 깨달은 일, 사랑, 인간관계에 대한 심리학적 통찰 29가지가 담겨 있습니다. 현대인이 살면서 겪게 되는 심리적인 모든 문제에 대한 해답이라고도 할 수 있겠네요. 억울한 일을 당하고도 당당하게 화내지 못하는 소피부터, 더는 같은 문제를 반복하고 싶지 않지만 매번 나쁜 남자만 만나는 잔, 부모님을 실망시키는 게 두려워 적성에 안 맞는 공부를 포기하지 못하는 메이, 조그만 실수도 참지 못하는 완벽주의자 알렉상드르, 사소한 결정도 쉽게 내리지 못해 스트레스받는 파트릭, 노력해도 정당한 보상을 받지 못하는 사회 앞에 무기력에 빠진 청년 라픽, 자신을 학대한 아버지를 용서하지 못해 괴로워하는 니콜라, 어린 시절에 받지 못한 사랑을 갈구하며 주위 사람을 힘들게 하는 사비나까지……. 아파도 아프다고 말하지 못했던 그들은 심리학 카페에 와서야 비로소 자신을 돌아볼 수 있었습니다. 이곳에서 오가는 대화 속에 나만 홀로 고통 속에 놓여 있는 게 아니라는 사실을 깨달으며 다시 살아갈 힘을 얻었습니다.

우리는 모두 누군가의 애정과 위로가 있어야 하고, 그것을 통해 위안을 얻고자 합니다. 나를 이해해 주는 단 한 사람만 있어도 세상은 살 만합니다. 누군가 나를 진심으로 이해해 줄 때, 내가 꽤 괜찮은 사람이고 충분히 사랑받고 행복할 자격이 있다는 느낌을 받게 됩니다. 그렇게 서로 이해하고 이해받으며 우리는 심리적으로 성장하지요. 혼자 살아가기 버거운 이 세상을 살아내느라 외로운 사람들에게 심리학 카페가 건넨 선물이라면 바로 이런 공감의 힘이 아닐까요?

아무리 못난 사람이라도 타인의 부당한 요구를 거절하고, 무례한 태도로부터 자신을 지키고, 스스로를 고통스러운 관계 속에 내버려 두지 않으며, 상처 받지 않을 권리를 가지고 있습니다. 혹시 이 책을 읽는 독자 여러분들도 무언가를 더 해내야만 인정받고 사랑받는다고 느끼실지도 모르겠습니다. 남들보다 더 잘하지 않으면, 내가 참고 견디지 않으면 안 된다고 생각하시나요? 쓸데없이 미안해하고 지나치게 감사하거나 모든 일을 당신 탓으로 돌리는 버릇은 없으신가요? 당당하게 있는 그대로 사랑받을 용기를 내세요. 그것을 주장한다고 해서 사랑을 잃는 것은 아닙니다. 아니, 사랑이 떠난다 해도 당신은 여전히 괜찮은 사람일 겁니다.

어느 날 당신이 한없이 못나고 부족한 실수투성이처럼 여겨질 때 이 책을 보며 오직 당신만을 위한 시간을 가졌으면 좋겠습니다. 그래서 심리학 카페를 다녀간 수많은 사람들이 그랬듯, 세상이 뭐라 하든 휘둘리지 않고 당신을 지킬 힘을 얻었으면 좋겠습니다. 그리고 세상 모든 사람을 만족시키려는 사람이 아닌, 그저 당신 자신에게 좋은 사람이 되었으면 좋겠습니다. 당신의 가치를 결정하는 것은 그 누구도 아닌 바로 당신입니다.

파리에서,

모드 르안

차례

두 번째 날 ✦ 상처

인생의 기쁨과 슬픔을 결정하는
작지만 사소하지 않은 상처들

그 누구도 당신을 상처 주게 하지 마라, 설령 그 사람이 부모일지라도

세 번째 날 ✦ 사랑

사랑이 떠나도
당신은 여전히 괜찮은 사람이다

무언가를 잃는다는 것, 그것에도 힘이 있다

네 번째 날 ✦ **인간관계**

이해할 수 없는 사람들과 더불어 살아가는 법

이 세상에 내 마음과 똑같은 사람들만 있으면 정말 좋을까?

다섯 번째 날 ✦ **인생**

이제는 흔들리지 않고 삶의 중심을 잡고 싶다면

당신은 생각보다 강한 사람이다

첫 번째 날

일상

문득 삶이 힘들 때,
심리학이 괜찮냐고 물었다

혼자 있을 때조차 마음껏 울지 못하는 사람들에게

할머니는 언제나 가지를 소금에 절여
물기를 짜낸 다음 요리를 시작했다.
"왜 가지에 소금을 뿌리시는 거예요?"
"그래야 가지가 울거든. 사람처럼 가지도 울어야 쓴맛이 없어진단다."

—라픽 샤미, 『1001개의 거짓말』

인생이 내 마음처럼 흐르지 않는 순간들

어느 날 갑자기 당신이 불치병에 걸렸다고 들으면 어떤 기분일까요? "도대체 왜 나에게 이런 일이!"라고 말하며 현실을 부정하거나 극도의 분노에 사로잡히지 않을까요? 나쁜 짓을 하지도 않았고 지금까지 열심히 살아온 죄밖에 없는데, 나보다 더 생활 습관이 엉망인 사람도 멀쩡한데 왜 내가 이런 고통을 겪어야 하는지 너무도 억울하고 화가 나지 않을까요?

우리는 은연중에 불행은 남의 몫이라고 생각하는 경향이 있습니다. 삶 전체가 흔들릴 정도의 큰 사건은 나와 상관없는 일이라고 생각하지요. 저 역시 그랬습니다. 그런데 어떤 사건을 계기로 그게 아니란 것을 깨달았습니다.

스물세 살, 남편의 갑작스러운 죽음이 내게 가르쳐 준 것

1963년, 나는 갓 태어난 아이를 둔 스물세 살의 젊은 엄마였습니다. 아이를 돌보는 일은 굉장히 힘들었지만 무엇과도 비교할 수 없을 만큼 커다란 행복을 가져다주었습니다. 서툰 부모였던 나와 남편은 잠이 부족한 탓에 퀭한 눈을 하고서도 입가엔 웃음이 떠나지 않았지요. 매일매일이 다르게 커가는 아이를 지켜보는 것만으로도 행복한 때였습니다.

그날도 일터에서 돌아온 남편은 언제나처럼 서둘러 옷을 갈아입고 저녁 식사를 들었습니다. 온종일 육아에 지친 나를 대신해 아이를 돌봐 주려고 서두르던 것이었지요. 그런데 갑자기 주방에서 '쿵' 하는 둔중한 소리와 함께 식기가 나뒹구는 소리가 들렸습니다. 깜짝 놀라 달려가 보니 남편이 식탁 옆으로 쓰러져 있었습니다. 몸이 얼어붙는다는 게 이런 느낌일까요. 심장이 저 발밑으로 떨어지는 것 같았습니다. 남편의 얼굴과 입술은 하얗다 못해 창백했고, 내가 소리를 지르며 그를 아무리 흔들어도 정신을 잃은 남편은 기척조차 없었습니다.

응급실에 실려 간 남편에게 온갖 알 수 없는 처치들이 이루어졌고, 수술실에 들어간 남편은 오랜 시간이 지나도 나오지 않았습니다. 그 사이 시부모님이 병원에 도착했고 대기실에 앉아 울고만 있는 나를 안아 주었습니다. 이후 어떻게 시간이 흘렀는지도 모르겠네요. 수술실에서 나온 의사는 우리에게 이렇게 말했습니다.

"안타깝지만 남편분은 뇌출혈로 인한 뇌사 상태입니다. 심장은 뛰고 있지만 살아 있는 상태라고 말씀드리긴 어렵겠네요……."

그렇게 남편이 죽었습니다. 한 살 아이와 스물세 살의 젊은 아내를 두고, 남편은 그렇게 떠났습니다. 다정하고 유쾌했던 시부모님의 막내아들이 죽었습니다. 온화한 성격에 매달 월급의 일부를 남을 돕는 데 쓰던 따뜻한 남자가 죽었습니다. 아무리 화가 나도 누군가에게 해코지 한번 한 적 없던 착한 그가 죽었습니다. 왜 하필 그여야 했을까요? 나는 너무도 화가 나 신이 있다면 멱살이라도 잡고 싶었습니다. 아무 일 없다는 듯 거리를 활보하는 모든 사람이 미웠고, 무엇보다 내가 가장 미웠습니다. 사랑한다는 말도, 고맙다는 말도 충분히 해 주지도 못했으면서……. 작은 일에 토라지고 투정만 부렸던 제가 싫어서 정말 죽고 싶었습니다.

누구에게나 어떤 일이든 일어날 수 있다

그때부터 저는 술만 마셨습니다. 아무 일도 하지 않았고 거의 아무것도 먹지 않았습니다. 술이 깨면 남편이 없다는 현실을 마주

해야 했고, 그러면 또 내 자신이 미워 견딜 수가 없었습니다. 그렇게 의미 없이 시간을 흘려버리길 어언 1년. 어느덧 훌쩍 커버려 아장아장 걸어온 아이가 오물대며 제게 말을 걸었습니다.

"엄마, 엄마……." 시부모님의 노력 덕분에 아이는 큰 부족함 없이 자라고 있었지만, 역시나 아이에겐 제가 필요했나 봅니다. 아이는 작은 입으로 엄마를 연신 찾고 있었어요.

저는 문득 과거의 불행을 매일 곱씹느라 지금 이 순간의 소중함을 쓰레기통에 버리고 있다는 사실을 깨달았습니다. 아이를 안고 재우고 먹이고 놀아 주며 행복한 추억을 만들어 주어야 할 소중한 시간을, 나는 세상을 증오하는 데 낭비하고 있었습니다. 남편의 죽음을 나와 아이 인생의 걸림돌로 만들고 있는 건 다름 아닌 나였습니다. 내가 불러들인 불행이 내 아이의 인생에서 가장 빛나야 할 시절을 야금야금 갉아먹고 있었어요. 그건 먼저 간 남편도 결코 바라지 않았을 겁니다.

저는 술을 끊고 정신과 치료를 시작했습니다. 과거의 굴레를 벗고 앞으로 나아가기로 선택한 거지요. 그렇게 10년간의 상담이 시작되었습니다. 저는 남편의 죽음을 충분히 애도하는 동시에 조금씩 내 삶을 되찾아 나갔습니다. 아이에게 다정한 엄마가 되었고, 일을 다시 시작했고, 잘 웃고, 잘 먹고, 편안해졌습니다.

독자 여러분의 인생에는 어떤 파도가 몰아쳤나요? 건강한 상태와 아픈 상태, 행복과 불행, 좋아하는 일과 싫어하는 일, 혼자인 나와 군중 속의 나……. 지금 당신이 어떤 모습이든, 어떤 일이 눈앞에 놓여 있든 인생의 일부로 받아들여야 합니다. 행복한 경험을 할 때는 누구나 '그래, 산다는 건 이런 거였어!'라고 느낍니다. 하지만 불행한 일을 겪어가는 과정도 삶의 일부라는 사실을 잊지 마세요. 불행과 행복 모두 우리가 인생을 살고 있다는 명백한 증거인 셈입니다. 물론 우리는 인생이 잘못된 방향으로 흘러가지 않도록 최선을 다해야 합니다. 하지만 이건 우리의 노력만으로 할 수 있는 영역이 아니에요. 안타깝게도(혹은 다행스럽게도) 우리는 인생의 최고결정권자라기보다는 인생이라는 배에 탄 선원에 불과합니다. 태풍이 일어나면 우리는 우리를 둘러싼 환경에 대항하고 최선을 다해 거기서 빠져나오려고 노력하겠지요. 하지만 선원이 항해를 떠날 때 할 수 있는 일은 날씨가 좋기만을 바랄 뿐, 달리 날씨를 바꾸려고 하지 않아요. 폭풍을 겪을 수도 있고, 그것을 극복해야 한다는 사실도 알고 있지요. 잘 대처하는 수밖에 없다는 말입니다.

세상이 너무 불공평하다는 당신에게

어느 목요일 저녁, 쥘리는 펑펑 울면서 심리학 카페를 찾아왔습니다. 그녀는 언제나 지금보다 훨씬 더 매력적이고 근사한 '백점짜리 인생'을 살고 싶다고 말하던 친구였어요. 아마 공감하는 분들이 많겠지요. 언뜻 보면 더 나은 삶을 바라는 모습은 너무나 당연한 일이고 전혀 이상할 게 없어 보입니다. "인생이란 원래 그래야 하는 것이 아닌가?"라고 말씀하실 수도 있겠네요. 더 나은 방향으로, 즉 내게 만족을 주는 방향으로 인생이 흘러가야 한다고 생각하는 거지요. 그런데 우리는 이 사실을 기억해야 합니다. 인생을 언제나 즐겁고 행복한 일들로 채워 넣어야 한다는 강박 때문에 쓸데없는 에너지를 낭비할 수도 있다는 사실을요.

쥘리는 내게 견디기 힘든 상황이 생겼다고 말했습니다. 8년간 일한 회사에서 해고 대상자에 올랐다고요. 그녀의 평온한 세계는 하루아침에 무너졌지요. 그녀는 지금 자신에게 벌어진 일을 이해할 수가 없었습니다.

"어떻게 제게 이런 일이 일어나는 거지요? 그렇게 성실하게 일했는데……. 제가 해고 대상자에 오르는 건 말도 안 되는 일이라고요!"

"진정해요. 쥘리. 여기 따뜻한 차 한잔하면서 이야기해요."

우리는 쥘리 같은 사람들을 자주 만납니다. 그들은 건강에 이상도 없고, 일은 즐거워야 하며, 월급도 꼬박꼬박 나오고, 연애도 순탄하고, 사회생활도 잘 하는 게 무척 '정상적인' 일이라고 생각합니다. 그래서 마땅히 기대한 바를 얻지 못하면 '불합리한' 일이 벌어졌다고 항의를 하지요. 앞서 이야기했지만 저 역시 그랬습니다. 원망의 대상은 다양합니다. 상사에게, 부모에게, 사회에, 때로는 자신이 믿고 있는 신에게 다양한 원망을 쏟아내곤 하지요. "어떻게 나한테 이래! 이건 너무 불공평해!"

맞습니다. 세상은 불공평해요. 새삼스러운 사실도 아니지요. 이 사실은 일방적인 저의 주장도 아니고, 당신의 인생에 찾아온 불행을 옹호하기 위해 하는 말이 아니에요. 그저 인생의 진리지요. 삶은 원래 불공평합니다.

사람들은 음식점 메뉴판 앞에 서서 메뉴를 고르는 것처럼 인생을 대하곤 합니다. 마음에 안 드는 메뉴는 피하고 좋아하는 요리를 선택하기만 하면 되는 식이지요. 그런데 인생이라는 것은 만족스러운 것만 골라서 경험하고, 고통스럽게 만드는 힘든 일은 피할 수 있는 게 아니에요. 때로는 당신이 싫어하는 사슴고기든, 버섯이나 셀러리 같은 채소든 인생이라는 메뉴를 온전히 받아들여야 한다는 사실을 잊지 마세요. 왜 그래야 하냐고요? 대답은 간단합니다. 우리는 다른 식으로 살아갈 수가 없기 때문이에요. 우리에게 메뉴를 고를 수 있는 선택권은 없습니다. 좋은 것만큼이나 안 좋은 것도 받아들이는 것, 그것이 인생의 규칙입니다.

모든 삶은 흐른다

우리의 인생에는 좋은 일이든 나쁜 일이든 예고도 없이 들이닥칩니다. 그가 얼마나 선한 행동을 많이 했건, 그렇지 않건 상관없이 말이지요. 그런데도 우리는 세상은 공평하며 인과응보의 법칙이 통하는 곳이라고 여깁니다. 그래야 세상이 예측 가능한 곳이 되고, 언젠가 나도 그 법칙에 따라 보상을 받을 수 있으니까요. 우리는 그런 기대감으로 살아갑니다. 그래서 무의식중에 불행은 큰 잘못을 저지른 나쁜 사람들에게나 일어나는 일이라고 믿곤 합니다. 만약 자신에게 큰 불운이 닥치면 그것이 자신의 잘못에 대한 일종의 벌이라고 받아들여 괴로워하기도 하지요.

인생이 우리가 바라는 대로 흘러가지 않는다고 해서 누군가를 원망하거나 속상해하지 마세요. 다른 사람에게 화를 낼 필요도 없습니다. 우리가 고통 속에 있다고 해서 인생이 잘못 가고 있다는 의미는 아니라는 사실을 기억하세요. 다시 말하지만, 우리에겐 다른 선택지가 없습니다. 이 말은 결코 눈앞에 닥친 역경 앞에서 수동적으로 굴라는 게 아니에요. 진정한 불행은 불행한 사건 그 자체에 있는 게 아니라 안 좋은 일을 받아들이지 못하는 데에 있습니다. 불운한 일을 마주하는 것은 피할 수 없는 일이지만, 불행에 머무르는 것은 우리의 선택일 뿐이니까요. 남편의 죽음은 무척이나 불행한 사건이었지만, 1년간 그 아픔을 곱씹으며 나와 내 아이의 소중한 시간을 망쳐 놓은 것은 내가 선택한 것이었습니다. 그리고 진정한 불행은 바로 이런 선택에서 비롯된 거였지요.

우리는 언제든지 병에 걸릴 수 있지만 그럼에도 불구하고 병마와 싸우겠다는 태도를 선택할 수 있습니다. 살면서 부당한 일을 당할 때도 있겠지요. 그럴 때 화를 내는 게 도움이 안 된다고 판단하여 없는 셈 칠 수도 있고, 반대로 부당함이 사라지도록 힘을 모아 싸울 수도 있습니다. 제가 말해주고 싶은 건 우리에게 주어진 이런 태생적인 조건을 받아들일 줄 알아야 한다는 겁니다. 이를 이해한다면 여러 역경에 대항하기 위해 모든 자원을 들여 움직일 수 있을 거예요. 그간 일어난 나쁜 일이 불합리한 일이고 나에게만 특별히 일어난 안 좋은 일이라고 생각하며 맞서느라 낭비한 에너지를 아끼자고요. 불행한 일은 언제든지 누구에게나 일어날 수 있고, 그게 바로 인생이니까요.

그건 결코
당신 탓이 아니다

심리학 카페를 찾아와 고민을 털어놓는 분들께 저는 종종 "당신의 고민은 과대망상에서 비롯된 것이군요."라는 말을 합니다. 이 말을 들은 사람들은 "지금 제가 이상한 망상이나 하고, 터무니없는 주장을 펼치는 이상한 사람이라는 말인가요?"라며 화를 내기도 하지요.

제가 말하는 과대망상은 조금 더 현실적이고 주변에서 흔히 찾아볼 수 있는 이야기에요. 보통 과대망상에 빠진 사람들은 자기 자신을 세상에서 가장 중요한 인물이라고 여깁니다. 세상은 '나' 중심으로 돌아가고, 내 생각이 기준이 되는 거예요. 그들은 자신의 중요성이나 능력에 대해 확신을 가지고 있기 때문에 오만한 사람으로 보이기 쉽지요. 하지만 정반대의 모습을 보이는 과대망상도 있습니다. 바로 과도한 책임감과 그로 인한 죄책감입니다. 그들은 겉보기엔 문제가 없는 사람처럼 보이지만 오만한 과대망상보다 훨씬 더 자기 파괴적이고 삶을 피폐하게 만들곤 하지요. 눈앞에 닥친 불행의 원인이 자기 자신에게 있다고 믿고, 사소한 일에도 자기 잘못을 찾아 자책하고 미안해하기 때문입니다. 다시 말해 모든 일을 자기 탓이라고 여기는 것입니다. 그리고 우리 주변에는 이런 '자책의 왕'이 생각보다 많습니다.

과도한 책임감을 짊어지려는 사람들

"아이가 학교에서 문제아가 되었어요. 다 제가 잘못 교육한 탓이에요.", "벌써 사흘째 상사가 내게 아무 말도 하지 않아요. 제가 뭘 잘못한 걸까요?", "요즘 들어 남편이 멀어진 것 같아요. 이젠 내가 매력이 없는 걸까요.", "마감 일정이 계속해서 밀리고 있어요. 제가 조금 더 열심히 해야 했는데."

이들의 고민에는 공통점이 있습니다. 모든 문제에서 '나의 자아'가 전면에 나온다는 것입니다. 아이에게는 엄마 말고도 아빠가 있습니다. 선생님과 할아버지, 할머니도 있지요. 아이의 교육에는 모두의 책임이 있습니다. 단순히 상사의 기분이 좋지 않거나 개인적인 문제가 있어 며칠 동안 말을 하지 않을 수도 있습니다. 그런데도 자클린은 자신이 상사를 화나게 한 것이 틀림없다고 생각합니다. 파스칼의 아내는 남편이 멀어진 이유를 자신에게서 찾지요. 직장에서 일이 잘 풀리지 않아 남편이 고민하고 있다는 생각은 하지 못합니다. 마감 일정의 문제도 마찬가지입니다. 샤샤는 여러 가지 원인을 찾아보고 해결하기보다 곧바로 비난의 화살을 자기 자신에게로 돌립니다.

"하지만 내가 나밖에 생각하지 않는다고 어떻게 단정할 수 있어요? 나는 책임감을 느끼고 있는 건데 말이에요."라고 말할 수도 있겠지요. 책임감이 강한 것은 매우 큰 장점입니다. 다른 사람으로부터 신뢰를 얻고, 인생을 주도적으로 이끌어 가는 원동력을 얻지요. 다만 불행의 원인을 모두 자기 탓으로 돌리는 것은 일종의 과대망상과 비슷합니다. 과대망상은 명예와 권위에 대한 욕망으로 표현됩니다. 모든 것의 중심에 자기를 두고 싶은 욕망, 그래서 모든 일에 죄책감이나 책임감을 느끼는 거예요. 그들에게 세상은 해결해야 할 문젯거리로 가득하고, 책임져야 할 일이 너무도 많아 매사에 부정적이거나 지쳐버리곤 하지요.

과도한 책임감이 당신을 병들게 한다

살면서 뜻대로 할 수 있는 일이 얼마나 될까요? 생각만큼 많지 않을 거예요. 심지어 인생에 중요한 사건은 우리 의지와 상관없이 일어나는 경우가 비일비재합니다. 태어나는 일부터 그렇습니다. 어떤 부모에게서 태어날지, 어떤 나라에서 태어날지 우리는 선택할 수 없지만, 그에 따라 당신의 인생은 완전히 달라집니다. 또한 삶에 커다란 상처를 입히는 전쟁이나 자연재해도 우리 뜻과는 별반 상관없이 일어나고요. 시험, 취직, 연애, 결혼 등 일상에서 일어나는 수많은 일도 마찬가지입니다. 개인의 능력과 노력만으로 이루어 낼 수 없고, 적절한 상황과 운이 따라줘야 하는 경우가 많지요. 이처럼 인생이란 노력과 의지라는 씨줄과 세상의 흐름이라는 날줄이 만나 직조되는 겁니다. 아무리 뛰어난 사람이라도 자기 뜻만으로 모든 것을 이룰 수는 없어요.

그러니까 더는 모든 일이 뜻대로 이루어지지 않는다고 자책하거나 실망하지 마세요. 책임감이 지나치면 죄책감을 낳습니다. 과거의 행동을 후회하고, 제대로 행동하지 못한 자신을 미워하게 되는 거지요. 그들은 끊임없이 자신을 자책하며 자기 자신을 어리석고, 열등하고, 가치 없는 실패한 사람으로 여기기도 합니다. 이렇게 되면 결국 자신의 인생은 망가져 버리게 됩니다.

우리는 오로지 자기 자신에 대해서만 영향력을 발휘할 수 있고, 심지어 자신을 통제하는 일조차도 종종 쉽지 않습니다. 그러니까 모든 문제를 자신의 탓으로 생각하는 일을 멈추도록 해요.

당신의 인생에 벌어지는 모든 일에 책임을 느낄 필요는 없어요. 적어도 관련된 사람들과 책임을 나누려는 노력이라도 해 보자고요. 세상도, 가족도, 회사도, 친구도 나 없이도 잘 돌아갑니다. 아닌 것 같으면 한번 그런 상황을 만들어 보세요. 제 말이 맞는다는 걸 알게 될 거예요.

왜 나는 억울한 상황에서도 제대로 화를 내지 못하는 걸까?

억울하거나 부당한 일이 생기면 우리의 몸은 즉각적인 반응을 보입니다. 심장이 빨리 뛰고 혈압이 올라가면서 얼굴은 붉어지고, 몸이 부들부들 떨리고 눈물이 나오거나 목소리에 힘이 들어가기도 합니다. 근육은 경직돼서 조금만 자극해도 공격할 태세를 갖추지요. 이처럼 내면에서 끓어오르는 분노는 참고 다스리려고 해도 마음의 울타리를 뚫고 나올 정도로 강력한 힘입니다. 영국의 시인 윌리엄 센스톤은 “분노는 매우 커다란 힘이다. 그것을 지배할 수 있다면 세상을 통째로 움직이는 힘으로 바꿀 수 있다.”라고 말했습니다. 분노만큼 사람을 강력하게 움직이는 힘도 없다는 뜻이지요. 분명 세상을 살아가기 위해서는 화를 낼 줄도 알아야 합니다. 제대로 된 화는 위험한 순간이나 부당한 상황에서 나를 지키기 위해 발산되어야 하는 에너지입니다. 만일 어떤 일을 당해도 화가 나지 않는다면 그것이 더 비정상적인 상태입니다. 하지만 어떤 때는 화가 너무 지나쳐서 상대뿐만 아니라 나 자신에게도 치명적인 상처를 입히기도 합니다.

사소한 일에도 불같이 화를 내는 사람들

파브리스는 4년간 사귄 여자 친구로부터 이별 통보를 받고 극심한 분노에 휩싸였습니다. 그는 극단적인 화를 이기지 못해 자살 시도를 했지요. 다행히 여자 친구가 일찍 발견해 병원으로 후송한 덕분에 가벼운 외상에 그칠 수 있었습니다. 파브리스는 제게 이렇게 말했습니다.

"여자 친구가 제게 문자 메시지로 그만 만나자고 했어요. 알고 보니 다른 남자가 생겨서 그랬더라고요? 저는 너무 화가 나서 도저히 용서할 수가 없었어요. 나는 이렇게 힘든데, 새 애인이랑 행복해할 모습을 상상하니 열받더라고요."

"그래서 자살 시도 전에 여자 친구에게 전화했군요."

"맞아요. 그녀가 평생 죄책감을 안고 살아갔으면 했어요. 복수하고 싶었거든요."

대부분 사람들은 이별을 하면 술을 진탕 마시거나, 친구들을 만나 회포를 풀거나, 아니면 보란 듯이 새로운 사람을 만나 아픈 마음을 달래려고 합니다. 때로는 헤어진 연인의 집 앞에 찾아가 고래고래 소리를 지르며 나쁜 말을 쏟아내기도 하지만 자살이라는 극단적인 방법을 선택하지는 않습니다. 그러나 파브리스는 내면에 심각한 상처를 입었습니다. 상처 입은 자존심은 불같은 화를 불러일으켰고, 그는 분노를 제대로 풀어내지 못한 채 자신의 목숨을 버리는 극단적인 복수를 하게 된 것입니다.

우리는 화가 나는 순간 그 원인으로 타인을 지목합니다. 네가 잘못해서, 네가 함부로 대해서, 네가 사랑해 주지 않아서……. '너 때문에 화가 났으니, 너는 그 대가를 치르는 게 당연해.'라는 논리이지요. 이러한 분노를 '자기애적 분노'라고 합니다. 우리는 태생적으로 저마다 자신이 소중하고 특별하고 착한 사람이라는 신념을 가지고 있습니다. 그런데 그런 자신을 침해한다고 느끼면 분노의 감정이 일어납니다. 타인이 자신을 나쁘게 말하거나, 자신의 성취를 무시하거나, 잘못을 지적하거나, 정당한 사랑을 주지 않을 때 화가 나는 것이지요.

자존감이 낮은 사람은 조그만 일에도 자존심에 상처 받고 불같이 화를 냅니다. 눈이 나빠 자신을 못 알아보고 지나친 친구가 자신을 무시했다고 생각하고, 연인이 전화를 받지 않으면 일부러 피한다고 화를 내고, 식당에서 웨이터가 작은 실수를 하면 부당한 대접을 받았다며 분노합니다. 상대방은 그 사람을 모욕할 마음이 조금도 없었지만 그런 말은 귀에 들어오지 않지요. 특히 이런 상황에서 당사자는 자존심이 상했다는 점을 필사적으로 감추고 싶고, 떨어진 자존감을 회복하는 올바른 방법을 모르기에 폭력성을 제어하는 능력이 떨어져 화가 폭력으로 이어질 확률이 높습니다. 제임스 길리건 뉴욕 대학교 교수는 살인죄로 수감 중인 재소자들을 인터뷰했는데, 범죄의 이유를 물었을 때 "그놈이 나를 깔보았다."라는 말을 가장 많이 들었다고 합니다. 또한 살인을 통해 무엇을 얻고 싶었느냐는 질문에는 "자부심, 존엄, 자존감"이라는 대답이 돌아왔습니다.

사소한 일로 화를 낼수록 그깟 일로 분노하는 자신이 못나 보이고 부끄러워서 감추기 위해 더욱 화를 냅니다. 이렇게 화의 악순환이 반복되는 거지요. 그러므로 자꾸만 화가 나고 그것을 제어하기가 어렵다면, 분노의 순간에 상대를 탓하는 것을 멈추어야 합니다. 그리고 한번 당신의 분노를 되짚어 보세요. 다친 자존심을 숨기고 싶어서 화를 내는 건 아닌지 생각해 봐야 합니다. 분노의 이유를 자기 마음에서 찾아내는 훈련을 해야 하지요. 그래야 분노도 조절할 수 있습니다.

왜 나는 억울한 상황에서도 제대로 화를 내지 못하는 걸까?

"이번 주 금요일 저녁에 본사와 미팅이 있죠? 다른 사람들은 애도 봐야 하고, 약속도 있을 테니 소피가 가주세요."

상사의 지시에 소피는 가슴이 콱 막히는 느낌이었습니다. 결혼도 안 했고 남자 친구도 없다는 이유로 매번 번거로운 업무를 맡기고, 감정이 상하는 이야기를 아무렇지도 않게 하는 직장 상사 때문에 화나는 일이 한두 번이 아니었거든요. 그러나 소피는 부당한 일을 당하고도 당당하게 화내지 못하는 자기 자신이 더욱 미웠습니다. 속으로는 분노가 치밀어도 상대의 기분을 살펴 둘러대곤 했던 것입니다.

여러분은 부당한 대우를 받았을 때 당당히 화를 내고 있나요? 필요한 순간에 적절한 방법으로 화를 내는 사람은 생각보다 많지 않습니다. 상대가 더 힘이 세거나 중요한 위치에 있을 때 우리는 화를 숨기고 억누릅니다. 그러고는 분노의 에너지를 부정적인 방식으로 표현하지요. 소피의 경우라면 상사에 대한 험담과 나쁜 소문을 퍼뜨리거나, 열심히 일하는 척을 하고 사실은 아무것도 안 함으로써 일 자체를 망칠 수도 있겠네요. 아니면 야근에 특근까지, 오히려 헌신적으로 일하면서 상대의 도움을 거절해 죄책감을 심어 주는 방법도 있습니다.

참아 온 분노를 당사자가 아닌 자기보다 약한 사람에게 쏟아내는 사람도 있습니다. 대표적인 예로 자식을 화풀이 대상으로 삼는 겁니다. 이때 부모에게 온전히 의지하고 있는 아이는 엄청난 정서적 충격을 받게 됩니다. 그런 상황에 지속적으로 노출이 된다면 아이는 제대로 된 문제해결력을 기르지 못하고 유일한 해결책으로 폭력을 사용할 가능성이 커집니다. 결국 폭력이 대물림되는 셈이지요. 아니면 화를 꾹 참고 속으로 삭입니다. 그러면 여기저기 몸이 아프거나 삶의 의욕을 잃게 되어 안 좋은 선택을 할 수도 있습니다. 파브리스의 사례에서 보았듯, 분노가 극단적으로 표출되면 자살로 이어지기 때문입니다.

아무리 화가 나도 자신을 망치면서까지 그렇게 할까 싶지만, 화는 눈앞에 보이는 모든 것을 태울 만큼 강력한 힘입니다. 극도의 분노에 휩싸인 사람은 상대에게 대가를 치르게 할 수 있다면 그 어떤 고통도 감수하겠다며 덤벼들지요. 그래서 미국의 말라키 멕코트는 "분노하며 원한을 품는 것은 내가 독을 마시고 남이 죽기를 기다리는 것과 같다."라고 말했습니다. 또한 해갈되지 못한 화는 삶의 에너지를 앗아 갑니다. 억압된 분노는 능력만큼 성과를 낼 수 없게 만들고, 게으르고 무기력한 일상을 반복하게 하고, 타인을 의심하고 세상을 믿지 못하게 만들며, 사소한 일에 쉽게 짜증을 내게 하거든요.

제대로 된 순간에 올바르게 화내는 법

살아가는 한 분노라는 감정을 피할 수는 없습니다. 때에 따라 정당하고 꼭 필요한 감정이기도 하지요. 다만 제대로 다스리지 못하면 분노의 불길은 상대뿐만 아니라 자신까지도 태워 버립니다. 또 아무리 화가 난 일차적 책임이 상대방에게 있더라도 화를 내는 방식에 관해서는 전적으로 자신에게 책임이 있다는 사실을 기억해야 합니다. 한마디로 그가 아무리 나를 화나게 했더라도 내가 그에게 아무렇게나 화낼 권리는 없습니다. 그러므로 우리는 화를 관리하는 법을 배워야 합니다.

화가 났을 때 그 감정을 무작정 타인을 향해 쏟아내기 전에 내 안에서 건강하게 분출할 수 있는 방법이 있습니다. 여러 가지 방법이 있지만 그중 하나가 바로 '글쓰기'입니다. 서운한 마음이 들거나 분노가 끓어오를 때는 일단 종이를 꺼내 그 감정을 글로 풀어 보세요. 남이 보면 어쩌나 하는 생각은 접어 두고 솔직하고 거침없이 적는 게 좋습니다. 한참을 적고 나면 터질 것만 같던 화도 조금씩 누그러지고, 억압되어 있던 감정들이 수면 위로 떠올라 고스란히 느껴질 것입니다. 그 감정을 천천히 느껴 보세요.

이때 고통스러운 느낌을 믿을 만한 타인과 공유하는 것도 큰 도움이 됩니다. 자신이 적은 감정들을 하나하나 살펴보다 보면 화가 나는 상황을 객관화해서 볼 수 있게 됩니다. 그 일이 그렇게 부끄러운 일도, 화낼 만한 일도 아니라 누구나 겪을 수 있는 일이라는 생각이 들 수도 있습니다. 그러고 나서 상대에게 올바른 방법으로 화를 표현하세요. 나를 화나게 한 말이나 행동에만 초점을 맞추어 부당한 일을 항의하고, 과도한 요구를 받았다면 당당히 거절하는 겁니다. 그러면 상대와의 관계를 크게 해치지 않고, 나를 아프게 하지도 않으면서 내 감정을 온당하게 표출할 수 있습니다.

틱낫한 스님은 "화는 우리의 적이 아닌 아기처럼 다뤄야 한다. 그윽한 마음으로 화를 끌어안아야 한다."라고 말했습니다. 세상을 살면서 우리를 화나게 하는 일은 무수히 많습니다. 그러나 분노에 휩싸여 나와 타인 모두에게 상처를 입히는 행동은 우리가 선택한 결과입니다. 화는 상처 난 우리의 자존심이 흘리는 피입니다. 닦아 주고 약을 발라 주면 되는 거예요. 화를 다스릴 수 있는 힘은 결국 상황이 아니라 우리에게 있습니다. 세상이 내 마음 같지 않아 분노가 치밀어 오를 때 이 사실을 잊지 않는다면 우리 인생은 한결 부드러워질 것입니다.

언젠가 한 번쯤 마음 놓고 울 시간이 필요하다

지난 18년간 심리학 카페를 찾아온 5만 명의 사람에게서 수많은 고민과 아픔을 들었습니다. 사람들은 궁금해하지요. '카페를 찾은 이들이 가장 많이 하는 말이 무엇인지' 말이에요. 미래에 대한 불안이나 불공평한 세상을 향한 분노, 가슴 아픈 사랑의 상처를 쏟아내는 말도 아니었습니다. 그 대답은 바로 "왜 이렇게 눈물이 나는지 모르겠네요."였습니다.

몸이 아플 때는 병원을 찾는데, 마음이 아프면 그게 문제인 줄 모르고 사람들은 자신을 탓합니다. 왜 이렇게 나약해서 이깟 일로 아파하느냐고 자신을 부끄러워하거나 다그치곤 하지요. 그렇게 쌓인 아픔은 자꾸만 자기 이야기를 들어 달라고, 말하고 싶다고 호소합니다. 그래서 사람들은 작은 경청에도 마음이 흔들리고, 아픔을 털어놓는 동안 눈물 흘리는 자기 모습에 스스로 놀라곤 했어요. 그만큼 가슴 깊숙이 숨겨 놓아 자신조차 미처 알지 못했던 아픔이 많았던 것 같습니다. 이 책을 읽는 당신이 마지막으로 울어 본 적은 언제인가요? 기억이 나지 않을 정도로 오래전이진 않나요? 우리의 마음도 마음 놓고 울 시간이 필요합니다. 아프면 아프다고, 힘들면 힘들다고 얘기할 수 있어야 합니다. 그렇지 못하면 오랫동안 쌓여온 상처와 아픔이 한 번에 폭탄처럼 터져 버릴지도 모르니까요.

감정을 표현하지 않는 사람이 더 위험한 이유

파비앙이 급히 심리학 카페를 찾아왔습니다. 그의 표정은 무척이나 혼란스러운 듯 보였지요. 그는 의자에 앉자마자 말을 꺼냈습니다.

"끔찍한 일이 일어났어요……. 제가…… 제가, 저는 감옥에 가게 될 거예요."

"파비앙, 진정하고 무슨 일이 일어났는지 천천히 말해봐요."

"제가 정신이 나간 사람처럼 소리를 지르고 욕설을 퍼부었어요. 그것도…… 경찰관에게요. 저는 그냥 마르고를 학교에서 데려오기 위해 차를 몰고 나왔어요. 빨간 불 앞에서 멈춰 서 있는

데, 갑자기 경찰 하나가 제게 오더니 인도 쪽에 차를 대라고 신호를 주더군요. 전 그가 하라는 대로 했어요. 그는 제게 자동차등록증과 면허를 달라고 했어요……."

"네, 그랬군요."

"그런데 하필이면 자동차등록증 원본이 없는 거예요. 자동차 앞유리창에 자동차세 납세필증은 붙어 있었지만 등록증이 없었어요. 그는 조서를 써야 하니 내리라고 하더군요. 순간 제 안에서 무시무시한 게 끓어오르기 시작했습니다. 완전히 정신이 나가서 고성을 지르고 경찰관에게 욕설을 퍼부었지요……. 한 번도 해 보지 않은 욕을 그에게 쏟아부었어요. 그 사람 멱살까지 잡을 뻔했다니까요. 결국 다른 경찰이 와서 절 말리고 나서야 상황이 종료됐어요……."

파비앙은 자신 안에 '괴물'이 있는 것 같다고 말했습니다. 그는 본 적 없는 자기 모습에 적잖이 당황한 것 같았어요. 그도 그럴 것이 파비앙은 매우 침착한 성격으로 소리를 지르기는커녕 짜증을 내는 일도 없었습니다. 오히려 어떤 상황에서도 신중하고 예의 바른 태도를 보이는 사람이었지요.

하지만 몇 년 동안 파비앙과 가정사를 비롯한 많은 이야기를 나눈 저는 알고 있었습니다. 그의 안에 있는 분노와 슬픔을 말이지요. 파비앙은 자신에게 이런 부정적인 면이 있다는 사실을 인지하지 못하고 있었습니다. 감정을 절제하는 것이 미덕이라고 생각했고, 어떤 상황에서도 침착하게 행동할 수 있는 자신을 자랑스러워했습니다. 반대로 감정을 드러내는 사람을 심하게 비난했지요. 저는 몇 번이고 그에게 내면의 분노를 살펴야 한다고 말했지만, 그때마다 그는 내가 틀렸다고 강경하게 맞섰습니다.

가끔은 소리 내어 울어도 괜찮다

저는 이번 사건이 차라리 다행이라고 생각했어요. 파비앙은 경찰을 모욕한 죄로 경미한 처벌을 받겠지만 줄곧 외면했던 자신의 어두운 면을 마주하게 되었으니까요. 분노와 슬픔 같은 감정은 억누른다고 사라지는 것이 아닙니다. 오랫동안 억눌려 있을수록 오히려 폭발적으로 터져 나오는 경우가 더 많습니다. 파비앙은 강압적이고 고압적인 아버지 밑에서 자란 탓에 자신의 감정에 솔직할 수 없었습니다. 상류사회의 에티켓을 중요시한 그의 아버지는 어린 파비앙이 감정에 복받쳐 울거나 떼를 쓰면 냉정하게 그를 혼내곤 했어요. 그 결과 파비앙은 울고 싶어도 참고, 화를 내고 싶어도 억누르며 살아왔습니다. 슬퍼도 우는 법을 모르고, 화가 나도 표현하는 방법을 몰랐던 파비앙은 극단적인 상황에 조금도 대비가 되어 있지 않았지요. 어린 시절부터 감정에 솔직했다면 그의 분노가 이런 식으로 드러나지는 않았을 겁니다.

“파비앙, 괜찮아요. 사람은 누구나 화를 낼 수 있어요. 부정적인 감정을 표출한다고 해서 그 사람이 나쁜 사람이 되는 건 결코 아니에요. 울고 싶을 때는 울고, 화가 날 때는 화를 내도 괜찮아요. 당신은 이제 겨우 자신의 감정을 마주하는 첫걸음을 뗀 거예요. 놀라고 당황스러울 테지만 억눌려 있던 감정을 이제부터 하나씩 표현해 보세요. 오랜 시간 울고 웃고 화내지 못했던 어린 파비앙을 우리 함께 안아 주자고요.”

독자 여러분도 자신의 성격 중 마음에 들지 않는 부분이 있나요? 자신의 어두운 면을 알아가는 일은 훈련이 필요합니다. 물론 즐겁지 않은 일이지만요. 내 안의 비겁함, 이기심, 폭력성, 가학성, 우울함……. 이 모든 것들을 받아들여 보세요. 내 안에 있는 것이 무엇인지 알게 되면 그걸로 무엇을 할 것인지 결정하는 일은 자신에게 달려 있습니다. 우리는 혼자 있을 때조차 바람직하지 않다는 이유로 감정을 억누르고, 타인보다 심하게 자신을 검열하는 데 익숙합니다. 그래서 아파도 안 아픈 척, 힘들어도 괜찮은 척하고, 상처 받은 마음을 돌보는 일보다 세상이 부과한 책임과 의무를 우선합니다. 그러나 우리의 마음은 무쇠가 아닙니다. 내 마음에도 따뜻한 관심과 애정이 필요합니다. 이 세상을 살아가면서 결코 나를 떠나지 않을 유일한 사람은 그 누구도 아닌 바로 나 자신입니다. 그런 나조차 내 감정을 무시하고 돌보지 않는다면 내가 너무 외롭지 않을까요?

쌓여 있던 감정은 언젠가 폭발하기 마련이다

비단 파비앙만 그런 게 아닙니다. 우리는 대부분 감정을 숨기고 억압하는 데 길들여져 있습니다. 어린 시절부터 이렇게 교육받았기 때문이지요. "무언가를 잘했다고 기뻐하는 건 잘난 척하는 것과 마찬가지야", "훌륭한 어른은 화를 내지 않는 법이지", "사람들 다 보는 앞에서 울면 어떡하니?" 같은 말을 들으면서 일찌감치 고통스러운 감정뿐만 아니라 즐거운 감정까지 숨기곤 합니다. 더군다나 '착해야 한다', '좋은 사람이 되어야 한다'고 늘 요구받아 온 탓에 우리의 마음속에 분노와 미움, 시기심이 자리 잡을 때면 곧바로 자신을 나쁜 사람이라 여기며 자학하고 맙니다. 그래서 나쁜 감정일수록 무조건 억압하려 드는 것이지요.

그러나 감정은 좋고 나쁜 윤리적인 것 이전에 끊임없이 움직이는 에너지일 뿐입니다. 중력의 법칙이 마음에 들지 않을 수는 있지만 중력 자체를 피하거나 거부할 수는 없지요. 우리의 감정도 마찬가지입니다. 분노, 질투, 슬픔 같은 감정을 싫어할 수는 있지만 그 감정 자체의 옳고 그름을 평가할 수는 없어요. 감정은 그 자체로 존재할 뿐이니까요.

그러니 이제부터라도 내 감정을 온전히 느껴 보세요. 아프면 아프다고 말하고, 눈물이 날 땐 소리 내 엉엉 울어 보세요. 설령 나쁜 감정일지라도 내 안에서 숨 쉴 수 있게 해 주세요. 희로애락의 다양한 색깔로 칠해진 감정들을 풍부하게 느끼는 것이야말로 우리가 살아 있다는 분명한 증거입니다.

한때 완벽주의자였던 내가 당신에게 하고 싶은 말

일을 잘 해냈을 때의 성취감은 최고의 원동력이 되기도 하지만, 과도한 완벽주의를 고집하다 보면 정작 실현해 나가는 과정에서 지나친 완벽주의 성향이 커다란 걸림돌이 되기도 합니다. 완벽하게 업무를 처리하려는 태도가 성장을 위한 강력한 자극제가 되는 게 아니냐며 반문하고 싶은 사람들도 있을 거예요. 그 말도 맞습니다. 하지만 언제나 그런 것은 아닙니다. 먼저 '완벽'에 대한 기준은 다분히 주관적입니다. 모든 이에게 보편적으로 적용되는 것이 아니라는 소리지요. 완벽의 기준은 상대적이며 절대적이지 않다는 것을 항상 기억합시다.

인생을 숙제처럼 사는 완벽주의자들

"완벽하게 해낼 수 있다는 확신이 없으면 일을 할 수가 없어요."

알렉상드로는 완벽주의자였습니다. 그와 같은 완벽주의자들의 문제는 완벽하게 해내지 못할 일이라면 시작하지 않거나 일을 끝내지 못한 채 미적거리고, 실패에 대한 극도의 두려움 때문에 새로운 도전을 하지 않는다는 겁니다. 악기를 배우고 싶어도 소질이 없을지도 모른다며 시작하지 않고, 어머니의 생일 선물로 해외여행을 보내드리고 싶지만 돈이 없으니 작은 선물조차도 사드리지 않고 생일을 잊은 척 넘어가는 것이지요. 그래서 다른 사람들의 눈에는 말만 많고 게으르다거나 무책임한 사람으로 보이기도 합니다. 하지만 그들의 내면은 누구보다 고통스럽습니다. 인생이 성공 아니면 실패, 최고 아니면 최악으로 나뉘기 때문이지요. 그들은 사소한 실수조차 실패로 간주하고, 그런 실수를 한 자신을 용서하지 못합니다. 또 언제든 실패할지도 모른다는 불안에 떨고, 제대로 해내지 못할 것에 대한 두려움 때문에 주어진 일을 시작하기 어려워합니다. 실제로는 상상보다 훨씬 쉬운 일인데도 말이지요. 부담스러운 것을 회피하고자 하는 것은 인간의 본능이기에, 완벽주의자들은 과제가 주어지면 딴짓을 하거나 꾸물거리는 경향을 보입니다.

완벽주의자들에게는 무엇보다 결과가 가장 중요합니다. 그들은 목표 달성을 위한 가장 빠르고 효율적인 방법만을 추구하지요. 그러다 보니 과정의 즐거움은 모두 사라지고, '지금 이 순간'을 음미하는 여유 따위는 없어진 지 오래입니다. 그렇다고 성공의 기쁨을 넉넉히 누리는 것도 아닙니다. 완벽주의자들은 이미 달성한 성공에는 별로 만족하지 못합니다. 그들은 더 큰 성공을 향해 달려 나가는 경주마와 같은 존재이지요. 그래서 높은 수준의 성공을 달성했다고 하더라도 재빨리 자신의 성공을 하찮은 것으로 여기고 또 다른 꿈을 향해 달려갑니다. 결과적으로 그들은 거의 실현이 불가능한 기준에 비추어 자신을 평가하게 되고, 어떤 성공을 이뤄도 만족하는 법이 없이 계속해서 자신을 쪼아댑니다.

자신감은 성공이 아니라 도전하는 경험에서 온다

'실패는 성공의 어머니'라고 하지요. 과연 실패 없이 성공을 거두는 일이 가능할까요? 아이가 넘어지면서 걸음마를 배우고, 옹알이를 하면서 말을 익히듯이 엉성하고 모자란 단계를 거쳐야 완벽에 가까운 단계에도 이를 수 있습니다. 성공을 향한 여정에서 실패는 피할 수 없으며 심지어 성공의 밑거름이 됩니다. 최고의 발명왕 토머스 에디슨은 하나의 발명품을 만들기까지 만 번 이상의 실패를 거듭했습니다. 하지만 그는 이 사실을 자랑스럽게 여겼지요. 그는 이것이 실패가 아니라 효과가 없는 만 가지 방법일 뿐이었고, 이 과정을 거쳤기에 효과적인 한 가지 방법도 찾아낼 수 있었다고 했습니다. 물론 실패를 좋아하는 사람은 아무도 없겠지요. 그러나 실패하는 일이 두려워 아무것도 하지 않으면 아무 일도 일어나지 않습니다. 결국 자신의 잠재력도 발휘할 수 없는 것입니다.

"하지만 실패 없이 바로 큰 성공을 이룬 사람들도 있는걸요?"라며 반발하는 사람이 있을지도 모르겠네요. 성공을 위해 반드시 실패의 고통을 감내할 필요는 없습니다. 하지만 저는 실패 없이 성공 가도만 달려온 사람들이 작은 시련에도 무참히 깨어지는 경우를 많이 보았습니다. 훌륭한 업적을 이뤄낸 존경받는 학자가 사실무근의 소문에 휘둘리다가 스스로 목숨을 끊거나, 승승장구하던 축구 선수가 부상에 따른 슬럼프를 극복하지 못하고 은퇴를 선언하는 것처럼 말이지요. 높이 올라갈수록 떨어질 때의 충격이 더 크기 마련입니다. 하지만 평소에 자잘한 실패를 경험한 사람은 높은 곳에서 떨어져도 쉽게 부서지지 않습니다. 실패는 인생의 굳은살과 같아서, 굳은살이 많을수록 세상의 풍파로부터 자신을 보호할 수 있습니다.

뿐만 아니라 실패는 자신에 대한 자긍심에 긍정적인 영향을 줍니다. 심리학자 리처드 베드너와 스콧 피터슨은 자긍심에 관한 연구에서 "도전하고 실패를 감수하며 맞서 싸우는 경험 자체가 자신감을 키워 준다."라고 말했습니다. 실패가 두려워서 도전을 회피한다면 그 일은 영원히 극복할 수 없는 시련이 되고 자연히 자긍심이 추락하게 됩니다. 하지만 도전을 하면 실패를 극복할 자신이 있다는 메시지를 내면화하게 됩니다. 즉 어려움을 피하지 않고 맞서는 것 자체가 스스로 '나는 좌절감을 극복할 수 있다'는 믿음과 자신감을 심어 주는 것입니다.

두려워 말고 뭐든 해 보자, 인생은 더욱 재밌어질 테니

저 역시 실패를 두려워하고 회피했던 날들이 있었습니다. 늦은 나이에 대학에 입학해 누구보다 공부 욕심이 많았던 저는 배우는 건 모조리 다 이해하려고 애썼지요. 모든 수업에서 A학점을 맞기 위해 애썼지만 오히려 공부에 대한 완벽주의가 공부로부터 멀어지게 만들었습니다. 한 과목이라도 B학점이 나오면 자신에게 실망해 기력을 회복하는 데 오랜 시간이 걸렸고, 학업에만 집중하느라 가정생활은 엉망이 되었습니다. 배움에 대한 즐거움은 사라지고 부담감만 가득한 대학 생활을 보냈던 거지요. 이렇게 공부하다간 이내 지쳐 쓰러지겠다는 생각이 들었습니다. 그때부터 저는 마음가짐을 바꿨지요. 100점이 아니라 80점만 맞아도 괜찮다고요.

제가 잘 할 수 있고 좋아하는 수업은 A학점을 목표로 했지만 그렇지 않다면 목숨 걸고 할 필요는 없다고 마음을 다잡았습니다. 그랬더니 가정과 학업 사이에 균형이 잡혔고, 시간을 효율적으로 활용할 여유가 생겼으며, 이내 공부에 대한 흥미가 다시 생겼습니다. 한마디로 오래 갈 힘을 얻은 것이지요.

누구나 100점짜리 인생을 바랍니다. 최상의 조건, 최고의 결과, 실패 없는 성공……. 인생에 긍정적인 경험이 계속되기를 바랍니다. 하지만 앞서 말했듯 인생이 어디 우리 마음대로 되어 주던가요. 우리는 한 치 앞도 내다볼 수 없는 불완전한 존재입니다. 하지만 그래서 인생이 재미있는 건지도 모르지요. 인생은 마치 파도타기와 비슷합니다. 파도타기의 묘미는 어떤 파도가 몰아칠지 모른다는 데 있습니다. "왜 내가 원하는 파도가 오지 않죠?"라고 불평하는 서퍼를 보신 적이 있으신가요? 제대로 된 서퍼는 그런 한탄은 넣어두고 그때그때 몰려오는 파도에 몸을 맡긴 채 스릴을 즐긴답니다.

인생의 재미를 느끼고 싶다면 최상의 조건을 기다리는 데 시간을 쏟기보다는 일단 바다로 나가 보도록 합시다. 무엇이든 해

봐야 합니다. 내 앞의 파도가 무엇이든지 우선 몸을 맡기면 두려움보다 자신감이 앞서게 될 거예요. 천재 화가 파블로 피카소는 이렇게 말했습니다. "만일 우리가 앞으로 무엇을 할지 정확히 알고 있다면, 뭐 하러 그걸 하겠는가?"

그러니 실패를 두려워 말고 뭐든 해 봅시다. 인생이 더욱 재밌어질 거예요. 완벽해지려는 욕심도 부리지 마세요. 기쁨과 슬픔, 희망과 절망, 실패와 좌절 등 다양한 색채의 경험이야말로 풍성한 인생을 만듭니다. 아무것도 안 하면 실패는 없겠지만 단조로운 일상이 되어 버릴 게 분명하니까요.

아파도 아프다고 말하지 못하는 당신이 꼭 기억해야 할 것

어린 시절 내내 아버지와 사이가 안 좋았던 여성이 있었습니다. 그녀는 권위적인 아버지 밑에서 언제나 뭔가에 짓눌린 듯한 기분을 느끼며 자랐고, 한창 예민한 사춘기 시절에는 작은 것도 마음대로 못 하게 하는 아버지와 싸우기도 많이 싸웠습니다. 그렇지만 줄곧 그녀는 따뜻하고 자상한 아버지를 갈망하고 있었지요. 어느덧 대학에 입학해 기숙사로 들어가던 날 그녀는 용기를 내어 아버지에게 먼 길을 태워다 달라고 부탁했습니다. 아버지와의 화해를 시도하기 위해서였지요. 차를 타고 가는 동안 아버지와 함께 가슴속에 담아 놓은 이야기를 나눌 수 있을 거라 기대했습니다. 하지만 기대와 달리 아버지는 운전하는 내내 대화는 커녕 쓰레기로 가득하고 볼품없는 개울에 대한 불평만 늘어놓았습니다. 그녀가 보기엔 깨끗하고 아름다운 전원 풍경이 이어질 뿐이었는데도 말이지요. 결국 그녀는 아버지의 태도에 질려 입을 다물었고, 아버지 역시 그런 딸이 마땅치 않았습니다. 여행은 싸늘하게 끝나고 말았고요.

세월이 흘러 아버지가 세상을 떠난 후 그녀는 어떤 일로 그 길을 운전하여 지나가게 되었습니다. 그런데 놀라운 사실을 발견했습니다. 그 도로에는 양쪽에 개울이 있었는데, 운전자 쪽에서 보는 개울은 더럽고 황량했던 것입니다. 그제야 그녀는 아버지의 시선으로 세상을 바라보지 못한 자신을 후회했습니다.

이 이야기는 미국의 실존주의 심리학자 어빈 얄롬이 '공감'에 대해 설명하기 위해 인용한 이야기로, 그는 "공감이란 상대의 창으로 바라보는 것"이라고 말했습니다.

상처 입은 나를 일으켜 주는 공감의 힘

누군가 나의 아픔과 괴로움을 내 입장에서 바라보고 이해해 준다면 얼마나 큰 위로가 될까요? 크게 상심하거나 머릿속이 복잡할 때면 우리는 누군가로부터 공감받고 싶어 합니다. 누군가의 애정이 필요하고, 위로나 응원받고 싶어 하는 것이지요. 문득 삶이 외로울 때나 한없이 내 자신이 작아질 때면, 우리는 이 세상에 나 홀로 남겨진 것이 아니라 누군가와 연결되어 있음을 확인 받고 싶어지기도 합니다. 그래서 무언가 문제가 생길 때면 가까운 친구나 가족, 혹은 저와 같은 전문 상담가를 찾아가는 것이겠지요.

정신 분석가나 심리 상담가에게 공감은 직업적으로도 매우 핵심적인 역량입니다. 내담자는 자신이 이해받고 있다고 느낄 때 마음을 열기 마련이거든요. 즉 누군가가 자신을 진단하는 것이 아니라 진심으로 자기 문제에 관심이 있다고 느낄 때 비로소 내담자는 자기 존재가 인정받는 느낌을 느끼고 그 관계에 안착합니다. 그래서 방어 기제에 기대지 않고 자신의 상처와 대면할 용기를 얻을 수 있습니다. 어떤 내담자들은 심리 상담가를 시험하기도 합니다. '이렇게 못난 나를 당신이 정말 이해해 줄 수 있다고요?' 하는 심정으로 말이지요. 그들은 약속 시간을 지키지 않고, 연예인 얘기나 날씨 같은 잡담을 늘어놓으며 딴청을 부리고, 때로는 일부러 상담가의 약점을 건드려 화나게 합니다. 하지만 그들의 내면에는 두려움이 가득하지요. 자신의 아픔을 이해하게 되면 오히려 자신을 이상하게 생각하고 떠나가 버릴지도 모른다는 생각 때문에요. 이럴 때 상담가는 인내심을 가지고 진심으로 그에게 공감하고 있음을 보여주는 것이 중요합니다. 만약 화가 나서 치료를 중단한다면 그들이 가지고 있는 불신의 벽이 한결 높아질 테니까요.

상담가가 진심으로 공감해 주고 있다는 믿음이 생길 때, 내담자는 과거의 아픈 경험을 다시 생각하고, 충분히 느껴 보고, 새로운 시선으로 상황을 정리하게 됩니다. 한마디로 과거를 재구성하는 겁니다. 그러고 나면 그는 과거에 대한 통제력을 갖게 됩니다. 과거에 무슨 일이 일어났는지, 사건 속에서 진짜로 비난받아야 하는 사람은 누구인지, 그리고 그때의 상처가 얼마나 삶을 어긋나게 했는지에 대해 점차 이해하게 되고, 조금씩 자신의 감정을 조절하는 법을 배우게 되는 것이지요.

감정이 앞서면 공감은 동정이 된다

심리 치유란 공감으로 지어진 튼튼한 배를 타고 내담자의 과거를 항해하는 일이라고 말할 수 있습니다. 이때 상담가는 내담자의 감정을 이해하고 해석해 주면서 그가 스스로 문제를 해결할 수 있도록 도와주는 역할을 합니다. 즉 내담자의 감정에 공감하되 자기 자리를 지키며 도와줄 뿐, 마치 내담자가 된 듯 배의 키를 잡고 흔들지는 않습니다. 그런데 간혹 상담가가 공감을 넘어 '동정'의 단계로 들어서는 경우가 있습니다. 하지만 공감과 동정은 결코 같을 수 없습니다. 공감이 상대의 창으로 세상을 바라보는 것이라면, 동정이란 아예 그 사람이 되는 것입니다. 그 사람의 감정에 이끌려 똑같은 정서 상태에 놓인 채 헤어나지 못하는 것이지요. 이처럼 상담가가 지나치게 자신을 상대와 동일시하거나 과도하게 감정적으로 몰입을 하게 되면 치료는 객관성을 잃게 되고 내담자의 상황은 더욱 악화됩니다.

동정과 공감은 쉽게 구분되지 않냐고 묻는 분들이 있을지도 모르겠지만, 실제로는 그렇지 않습니다. 일상생활에서 동정을 공감으로 착각하는 경우는 흔히 발생하거든요.

만약 친구가 생명에 지장이 있을지도 모를 검사 결과를 앞두고 있다면 당신은 어떻게 친구를 위로할 건가요? 며칠 전 카페에 앉아 밀린 일을 하던 중에 저도 모르게 우연히 옆 사람들의 대화를 듣게 되었습니다.

"내일 검사 결과가 나와. 요즘 불안해서 잠을 못 잘 정도야……. 넌 이 기분을 상상도 할 수 없을 거야."

"아냐, 쥐스틴. 난 네 전화를 받았을 때부터 엄청 충격이었다고. 네 입장이 되어 생각해 봤는데 정말 어떻게 해야 할지 모르겠더라. 얼마나 힘들었니?"

"휴, 어쨌든 내일이면 알게 될 테니 더 이상 나쁜 생각은 하지 않도록 할래. 최악의 결과였다면 병원에서 벌써 알려주지 않았겠어? 안 그래?"

"아마 그럴 거야……."

"야, 그런 얼굴 하지 마."

"미안해. 근데 내 가슴이 찢어질 만큼 슬퍼."

"로즈, 나 아직 안 죽었다고!"

로즈가 친구에게 보인 행동은 공감일까요, 동정일까요? 저는 그들의 대화를 들으며 로즈처럼 행동해선 안 될 것 같다고 생각했습니다. 쥐스틴은 걱정스러운 불안감을 친구가 공감해 주길 바랬지만, 로즈는 쥐스틴의 감정을 온전히 자기의 것으로 생각하여 자신도 불안이라는 감정에 매몰되고 말았습니다. 한마디로 쥐스틴과 자신의 경계를 상실하고 말았습니다. 그 결과 오히려 쥐스틴이 자기보다 더 슬퍼하는 로즈를 위로하는 역설적인 상황이 되어 버린 거지요.

동정은 두 사람을 모두 감정에 치우치게 만들어 두 사람은 상황을 객관적으로 판단하지 못하고 더욱 격한 감정에 사로잡히고 말았습니다. "상사가 자꾸 너무 많은 일을 줘."라는 친구의 불평에 "그 사람 진짜 상식이 없네. 누구야? 고소해 버려!"라고 말하며 흥분하는 사례도 흔히 볼 수 있지요. 그럼 듣는 사람은 어떻게 될까요? 아무것도 해결되지 못한 채 그대로 그 감정에 머무를 수밖에 없습니다. 상대가 내 고통을 자기 것처럼 느낀다고 해도 결국 그 어려움을 헤쳐 나가야 하는 사람은 온전히 나뿐입니다. 그런 점에서 동정은 별 도움이 되지 않습니다. 오히려 듣는 이를 더욱 외롭게 만들기도 하지요.

가스통은 10년 동안 근무한 회사로부터 해고 통지서를 받았습니다. 그는 굉장히 분노에 찬 채로 저를 찾아왔지요. 그런데 해고 통보보다 더욱 힘들었던 건 6년간 함께 근무한 절친한 동료인 톰이 그에게 "네 입장을 충분히 알겠어. 진짜 힘들겠네!"라고 건넨 말 한마디였습니다.

"톰이 내 입장에 대해 뭘 알 수 있겠어요? 저는 살 집도 없고, 갈 곳도 없는데 말이지요. 톰은 해고가 뭔지 몰라요. 그는 한 번도 해고당한 적이 없다고요! 그런데 어떻게 그가 내 입장이 된다는 걸까요? 제가 듣고 싶은 말은 그런 게 아니었어요."

"어떤 말이 듣고 싶으셨어요?"

"그냥 '참 힘들겠다, 내가 도울 수 있는 게 있다면 언제든지 말해 줘.' 아니면 '나한테 기대도 돼.' 이런 말을 들었다면 참 좋았겠지요."

동정이 상대의 감정을 똑같이 느끼는 것이라면, 공감은 상대의 고통을 진심으로 이해한 후 다시 나 자신으로 돌아와 내가 도움을 줄 방법이 없는지 함께 고민하는 것입니다. 상대에게 손을 내밀기 위해서는 마주 보고 있는 편이 좋지요. 나란히 서 있다면 손을 마주 잡기 힘들 것입니다. 그러니 타인을 돕고 싶다면 그와 나 사이의 경계를 분명히 해야 합니다. 힘들어하는 상대를 위로하고 싶다고 해서 꼭 그의 입장이 될 필요는 없습니다. 오히려 이 두 가지를 기억하세요. 고유 영역을 침범하지 않는 울타리와 힘들 때 기대어 쉴 수 있는, 멀지도 가깝지도 않은 적절한 거리가 필요하다는 사실을요.

누군가 그저 옆에 있어 주는 것만으로도 인생은 충분히 살 만해진다

마음이 무너질 때면 나 빼고 모든 사람들이 행복해 보이지요. 그들에게 내 고통을 말한들 눈곱만큼도 이해하지 못할 것 같은 기분이 듭니다. 게다가 무한 경쟁이 만연한 현대사회에서 힘들다고 말하면 내 부족함을 드러내는 꼴이 되거나 정신력이 약한 사람 취급을 받을까 봐 두렵기도 합니다. 그래서 사람들은 상처 난 마음을 숨깁니다. 아파도 아프지 않다고, 괜찮다고 말합니다. 심지어 자기 자신에게조차 그 아픔을 비밀로 하기에 자신의 힘듦을 눈치채지 못하는 경우도 많지요. 모두가 아프지만 아무도 아프지 않다고 이야기하기로 한 걸까요? 저를 찾아오는 내담자 중에서도 "제가 이렇게까지 힘든 줄 몰랐네요."라고 말하며 눈물을 흘리는 분들이 많습니다. 우리 이제 '어차피 이 세상엔 나 혼자 뿐이야'라는 냉소는 내려놓기로 합시다. 사람들로부터 이해받기를, 다른 사람을 이해하기를 포기해선 안 됩니다.

저는 심리학 카페를 찾아온 많은 이들이 공감 어린 대화 속에서 자신이 겪는 고통이 나만의 것이 아님을 깨닫고 다시 살아갈 힘을 얻는 모습을 수없이 봐 왔습니다. 이처럼 사람과 사람 사이에는 신비로운 치유의 힘이 존재합니다. 힘들고 지치고 외로울 때는 그저 누군가 옆에 있어 주고, 이야기를 들어주는 것만으로도 충분한 위로가 되기도 하지요. 그러니 결코 당신 자신을 홀로 내버려 두지 마세요. 아프면 아프다고 말하길 주저하지 마세요. 당신이 어떤 사람이든, 어떤 순간이든 당신의 손을 잡고 울어 줄 누군가가 있다는 사실을 잊지 마세요.

두 번째 날

상처

인생의 기쁨과 슬픔을 결정하는
작지만 사소하지 않은 상처들

그 누구도 당신을 상처 주게 하지 마라,
설령 그 사람이 부모일지라도

상처투성이 세상에서 우리가 할 수 있는 유일한 일은
상처를 이겨 내는 힘을 기르는 것이다.
책임지지 않아도 될 부당한 모욕과 이유 없는 차별,
끝없는 열등감에서 벗어나라.

—배르벨 바르데츠키, 『너는 나에게 상처를 줄 수 없다』

상처를 치유한다는 말의 의미

많은 사람들이 심리학 카페를 찾아온 손님들과 제가 어떻게 대화를 나누는지 궁금해합니다. 그들은 심리 치유 과정에 엄청난 비밀이 숨겨져 있을 거라고 기대하는 것 같아요. 문제가 되는 상황을 이야기하면 제가 적재적소에 필요한 해결책을 제시하고 솔루션 한 번이면 모든 문제가 한꺼번에 해결되기를 꿈꿀 수도 있겠네요. 하지만 실제 심리 치유가 이루어지는 과정은 지난하고 상당한 참을성이 필요한 일입니다. 우선 과거의 상처는 표면적으로 드러나지 않는 경우가 훨씬 많고, 조각난 파편들이 서서히 그 모습을 보여 줄 뿐입니다. 또한 상처를 있는 그대로 바라본다는 것은 꽤 고통스러운 일이기에, 내담자가 벽을 쌓고 정작 원인이 되는 이야기를 숨긴다거나 과거를 마주하기를 거부하는 경우도 있지요. 이때 상담가가 급한 마음에 억지로 과거를 캐내려 하면 문제는 더욱 심해지고 내담자는 왜곡된 눈으로 과거를 해석할지도 모릅니다. 그래서 상담가는 시간이 걸리더라도 조심스럽게 상처의 원인에 접근해야 합니다. 상처를 치유한다는 것은 바로 그런 일입니다.

왜 굳이 아픈 과거를 마주해야 할까?

사람들은 묻습니다. 왜 굳이 고통스러운 과거의 이야기를 들추어내냐고 말이지요. 어차피 지나간 일이고, 말한다고 한들 바뀌는 것도 아닌데 괜히 마음만 더 힘들어지는 게 아니냐고 묻습니다. 슬프고 아픈 기억을 마주하는 일을 좋아할 사람은 없을 겁니다. 하지만 과거의 상처를 돌아보고 치유하지 않으면 과거의 상처는 끊임없이 되살아나 현재의 나를 괴롭힙니다. 마치 좀비처럼 말입니다.

저는 과거의 상처를 치유하는 과정을 동굴 탐사에 비유하곤 합니다. 어두컴컴하고 이상한 소리가 들리는 동굴을 상상해 보세요. 사람들은 그 안에 괴물이 살고 있다고 여겨 가까이 가는 것을 두려워했습니다. 그러던 어느 날 용감한 탐험가 한 명이 조심스럽게 동굴 안으로 들어갔습니다. 뾰족한 돌에 걸려 넘어지고 이끼에 미끄러지기도 했지만, 그는 포기하지 않고 동굴 깊숙이 들어갔습니다. 그때 어디선가 사각거리는 소리가 들렸습니다. 사람들이 두려워하던 괴물 소리는 바로 동굴 안에 사는 쥐가 내는 소리였어요. 그런데 그 소리가 울려서 동굴 밖에선 괴물의 인기척처럼 크게 느껴졌던 것이지요.

과거의 상처란 동굴 안의 쥐와 같습니다. 어릴 적에는 무서워서 제대로 마주할 수 없었지만 성인이 된 지금은 충분히 해결할 수 있는 문제가 대부분입니다. 다만 괴물이라고 생각해 두려움에 떨며 감히 동굴 안을 들여다볼 엄두를 내지 못했을 뿐이지요. 동굴에 들어가 보지 않는다면 우리는 그 안에 있는 샘물도 발견할 수 없게 됩니다. 즉 어린 시절 상처 때문에 억눌려 있던 정신적 에너지를 마음껏 발산할 수 없는 것이지요. 심리 상담가는 내담자의 동굴을 함께 탐험해 주는 역할을 합니다. 그들이 불편해하는 문제의 근원을 함께 찾아가는 일 말이지요.

뱅자맹은 누구보다 열심히 공부하는 학생이었지만 국립행정학교 입학시험에서 번번이 낙방했습니다. 그는 시험 날만 되면 이유 없이 몸이 아파서 제대로 시험을 칠 수 없었다고 말했습니다. 시험을 망치는 데 심리적인 원인이 있을 거라는 생각이 들어 저를 찾아왔다고 덧붙였지요. 여러 차례 상담을 한 결과 그가 무의식중에 시험을 피하는 이유는 그의 아버지 때문이라는 사실을 알 수 있었습니다. 그의 아버지는 과거에 뱅자맹과 같은 학교에 응시했다가 떨어진 뒤에 더 나은 학교에 들어갈 수 없었습니다. 그래서 아들의 실패를 은근히 바라고 강요해 왔던 것입니다. 이런 아버지의 태도 때문에 뱅자맹은 스스로 아버지를 뛰어넘는 것을 허용하지 않았습니다.

"선생님은 진짜 그게 이유라고 생각하세요?"

처음 이 사실과 대면했을 때 그는 매우 당황했습니다. 하지만 이내 용기를 내 처음 시험 결과가 발표되던 날, 아버지가 보였던 냉담한 반응을 기억해냈습니다. "나는 네가 왜 그렇게 악착같이 시험에 임하는지 모르겠구나. 자, 보렴, 시험 결과와 상관없이 나는 이렇게 성공했단 말이다!" 그의 아버지는 매번 그 말을 반복했습니다.

제가 뱅자맹과 함께 한 치료는 '정당성'을 찾아가는 것이었습니다. 자신의 아버지와 달라도 된다는 정당성, 가족의 중심에 자기 자리를 만들어 가는 정당성, 아버지와 다르게 사회적 관계를 꾸려나가도 된다는 정당성……. 아버지와 차별성을 갖는 과정은 그 이후에도 순조롭게 진행되었습니다. 아버지와 적절한 거리를 두고 생각할 수 있게 되자, 뱅자맹은 자신이 이 분야에 큰 흥미를 느끼고 있음을 분명히 깨닫게 되었지요. 자신의 진정한 욕망, 그에 따른 선택이 무엇인지 성실하게 성찰하게 된 뱅자맹은 이제 아버지의 영향력에서 벗어나 시험에서 좋은 결과를 거두게 될 것입니다.

때로는 상처의 감정을 온전히 느껴 보라

어떤 이들은 자기 문제가 무엇인지 알고 심리학 카페를 찾아옵니다. 그러면 심리치료의 과정은 한결 빨라지지요. 물론 상처의 원인을 안다고 해서 곧바로 상처가 치유되는 것은 아닙니다. 상처를 치유하려면 우선 상처로부터 비롯된 감정들을 온전히 느끼는 시간이 필요합니다.

잔은 아버지를 향한 억눌린 분노를 몇 년 동안 고이 품어온 탓에 그 문제로 카페를 찾았습니다. 저는 곧바로 그녀와 함께 아버지 이야기를 시작했습니다.

"아버지와 있을 땐 모든 일을 운에 맡겨야 했어요. 제가 밤마다 집에 늦게 들어갔던 것도 아버지 때문이에요. 그는 자식들을 자신의 꼭두각시처럼 생각했어요. 아버지가 웃기는 이야기를 하면 오빠랑 저는 무조건 웃어야 했어요. 어떤 날은 괜찮았지만 어떤 날은 지옥이 펼쳐지기도 했어요……. 현관문을 들어서자마자 저는 그 분위기를 알아채요. 아버지가 흥분해서 들어오면 그날 저녁이 고될 거라는 생각을 했지요. 그 대상이 제가 되든 오빠들이 되든 아니면 엄마가 되든 말이지요. 아버지는 술을 마시면 완전히 괴물이 되었어요."

잔은 어른이 된 지금도 자기를 웃기려는 남자들을 경계하고 있었습니다. 그녀는 본능적으로 그들에게 거리를 두고 상대에게 뭔가 다른 의도가 있는 건 아닌지 의심할 수밖에 없었지요. 하지만 동시에 아버지처럼 다소 폭력적인 성향의 남자들과 사귀면서 그들에게 사랑을 갈구했습니다. 그들은 어린 시절 그녀의 아버지가 한 것과 똑같이 그녀에게 안도감이나 확신을 주지 못한 채 계속해서 잔을 불안한 상태로 밀어 넣었습니다. 잔은 성인이 된 이후에도 과거에 휘둘리고 있었습니다. 그녀는 어떻게 이 문제를 풀어가야 할까요? 잔은 어린 시절의 경험과 현재 그녀가 남자들과 겪고 있는 문제 사이에 분명한 연결고리가 있다는 사실을 알고 있었습니다. 그녀의 말처럼 상대의 얼굴에 주먹을 날린다면 순간적으로 기분이 나아질지도 모릅니다. 하지만 그다음에는 어떨까요? 그녀를 괴롭히는 문제에서 벗어날 수 있을까요?

절대 그렇지 않을 겁니다. 그녀와 나는 오랜 상담 과정을 거쳐 그녀가 어린 시절부터 청소년기 동안 겪은 고통스러운 상황 속으로 뛰어들었습니다. 저는 그녀가 자기 이야기를 반복해서 말로 표현하도록 격려했고, 그 고통의 기억에 따라오는 분노와 슬픔, 절망, 원한 등을 온전히 받아들여 느껴보도록 했습니다. 그런 후에, 잔은 이 모든 고통의 정체를 하나하나 나열해 보고, 분노를 비워낸 뒤 슬픔을 씻어낼 수 있었습니다. 아버지가 자신을 마음대로 다루도록 내버려 두는 대신 아버지로부터 인생의 주도권을 되찾아 올 수 있었습니다. 그녀가 지금 어떤 남자도 믿지 못하는 이유는 아버지 때문임을 마주하고, 그 상처의 감정을 온전히 느끼기 위해 노력하고 극복했기 때문입니다. 그동안 시야를 가리고 있던 폭력의 산을 빠져나오고 나서야 비로소 잔은 그동안 늘 소리만 질렀다고 생각한 아버지가 가끔 다정한 모습도 보였다는 사실을 알게 되었습니다. 이런 식으로 잔이 남자에 대한 이미지를 회복하고 나면 결국 자기에게 잘 맞는 남자를 만나 사랑과 신뢰를 나누는 날도 멀지 않았겠지요?

충분히 슬퍼하고 나면 과거의 상처는 더 이상 당신을 아프게 할 수 없다

과거의 아픈 상처를 떠나보내지 못하고 되풀이하며 괴로워하는 사람들이 많습니다. 그들은 끝내 변하지 못하는 자신을 한심하게 여기고 미워하기도 합니다. 하지만 자신도 모르게 과거의 고통을 반복하는 일은 역설적으로 상처에서 벗어나고자 하는 몸

부림입니다. 과거로 돌아가 상처 받았던 일을 아예 무효로 하거나 그 상황을 다르게 만들어 내서 상처를 극복하고자 노력합니다. 잔이 폭력적인 남자들에게 사랑받고자 애쓰는 것도 아버지와의 관계를 다르게 재현해 보려는 노력이었습니다. 자꾸만 나를 아프게 하는 상처로부터 자유로워지고자 하는 발버둥인 셈이지요. 그러나 안타깝게도 그런 시도는 대부분 실패로 끝나 버리고 맙니다. 왜냐하면 이미 지나가 버린 과거를 복원하려는 불가능하고도 헛된 시도만을 반복하기 때문이지요.

상처를 치유한다는 것은 과거로 돌아가 모든 일을 제자리로 돌려놓는 게 아닙니다. 적절한 거리를 두고 아픈 기억을 떠나보내는 것이지요. 그렇게 고통스러웠던 과거가 더는 현재의 삶에 침입하여 주인 행세를 하지 못하도록 막는 겁니다.

과거의 상처가 여전히 당신을 괴롭히고 있나요? 그만큼 힘들었으면 됐습니다. 지금까지 힘들었던 것으로 충분합니다. 이제는 상처를 제대로 떠나보낼 때입니다. 당신이 부족하거나 못나서가 아니라 누구라도 그 상황에서는 그럴 수밖에 없었던 겁니다. 그러니 상처를 떠안고 웅크린 채 힘들어하는 자기 자신을 위해 펑펑 울어 주세요. 아픈 과거의 나를 위해 말이지요. 그 시절 누리지 못한 행복에 대해서도 충분히 슬퍼해 봅시다. 그리고 떠나보내세요. 억울해하지도 말고 아쉬워하지도 마세요. 잃어버린 것을 충분히 슬퍼할 수만 있다면 과거의 상처는 더 이상 당신을 아프게 할 수 없습니다. 그럴 수 있다면 당신은 과거에 얽매이지 않고 현재라는 선물을 온전히 누리게 될 겁니다.

아무리 부모라도 당신을 함부로 대할 수 없다

우리는 부모의 사랑을 매우 고귀하게 생각합니다. 제아무리 힘든 시련이 닥쳐도 절대로 포기하지 않는 단 하나의 사랑이 있다면 바로 부모의 자식 사랑이라고 말하곤 하지요. 나를 위해 모든 걸 베푸는 어머니, 안전한 울타리가 되어 주는 아버지, 사랑과 배려, 희생과 존경이 넘치는 단란한 가정……. 이것이야말로 응당 그래야 할 가족의 모습이라고 생각하는 것입니다. 그래서 우리는 부모님의 뜻을 거스르는 사람을 손가락질하며 지금까지 키워 준 은혜도 모르는 자식이라고 비난합니다. 하지만 부모라고 모두 훌륭한 것은 아닙니다. 특히 상처 받은 사람들을 많이 만나다 보면 이 세상에 자격이 없는 부모가 참으로 많다는 사실을 깨닫게 됩니다. 평범한 가정의 부모도 마찬가지입니다. 나를 위해 모든 걸 희생하는 성스러운 이미지에 완벽히 들어맞는 어머니가 우리 주변에 과연 얼마나 될까요? 그들도 미숙하고 서툰 인간일 뿐입니다. 상처 주고, 상처 입히길 반복하지요.

그럼에도 불구하고 부모의 사랑은 위대하다는 환상 때문에 부모에게 분노를 품게 될 경우 자식들은 동시에 그들을 용서해야 한다는 심리적 압박을 받습니다. 부모의 잘못이 분명한 경우에도 마찬가지입니다. 그래서 사람들은 불편한 상태에서 벗어나기 위해 섣부르게 용서를 시도하기도 합니다.

저녁 7시만 되면 떠오르는 공포

마흔한 살이 된 니콜라는 주의력 장애로 인해 표현하는 데 어려움을 겪고 있다며 저를 찾아왔습니다. 몇 주간 그의 이야기를 들었지만 저는 특별한 점을 발견하지 못했어요. 그래서 저는 그가 가족과 심각한 문제를 겪고 있는 건 아닌지 조심스럽게 생각하고 있었고, 이를 확인하기 위해 인내심을 갖고 기다리고 있었지요. 예기치 않은 사건이 생기면 그가 제게 도움을 요청한 진짜 이유에 대해 이야기할 것이라고 생각했습니다.

우리는 매주 수요일 아침 9시에 상담을 진행했습니다. 그는 성실하게 약속을 지켜나갔어요. 그런데 어느 날 그가 갑작스러운 미팅 때문에 상담을 취소하겠다고 연락해 왔습니다.

"죄송합니다. 혹시 다른 시간을 잡아 주실 수 있을까요?"

"그럼, 이번 주 화요일 저녁 7시는 어떠세요?"

"……네, 알겠습니다."

전화기 너머로 그가 다소 머뭇거리는 게 느껴졌지만 그는 그러겠다고 했습니다. 그리고 화요일 7시가 되었습니다.

늘 그랬듯이 정확한 시간에 맞춰 그가 벨을 눌렀습니다. 제가 문을 열어 주자 그가 들어왔지요. 그런데 그때, 저는 뭔가가 잘못되었다는 걸 눈치챘어요. 겨우 자리에 앉은 니콜라는 불편해 보였습니다. 끊임없이 자기 뒤를 확인하며 숨을 내쉬었어요. 그러고는 3분마다 자기 시계를 쳐다보았지요.

"니콜라, 무슨 일이 있었나요?"

"아뇨, 아무 일도 없었어요. 아무것도요. 저……, 이상하다고 생각하실지 모르겠지만, 저는 저녁 7시가 두려워요……."

"그래서 저번에 통화할 때 조금 주저하셨군요. 제가 상담을 저녁 7시로 잡자고 했을 때요."

"음……. 네, 그런 것 같아요……."

저는 그에게 물을 가져다주었습니다. 니콜라는 다소 진정된 것처럼 보였지만 제 시선을 피하고 있었지요. 눈 마주치는 데 어려움이 없던 평소와는 전혀 다른 모습이었습니다. 오랫동안 침묵이 흐른 후, 저는 니콜라에게 물었습니다.

"혹시 저녁 7시에 무슨 일을 겪었나요?"

니콜라는 자기 등 뒤를 한번 쳐다보고는 발작적으로 오열을 터뜨렸어요. 그는 계속 울음을 그치고 참아 보려고 노력했습니다. 하지만 저는 그가 원하는 만큼 울도록 내버려 두었어요. 몇 분이 흐르고 진정이 된 그는 이런 이야기를 들려주었습니다.

"매일 저녁이 제겐 공포였어요. 아버지가 귀가하는 시간이 될 때면 말이지요. 아버지는 늘 똑같은 시간, 저녁 7시 15분에 집에 도착했어요. 한 번도 더 빨리 오거나 늦은 적이 없었지요. 전 그가 오기 30분 전이 되면 4분, 아니 3분에 한 번씩은 창밖을 봤어요. 물론 지금은 그때와 다르다는 걸 알고 있습니다……. 하지만 제가 사무실에 앉아 있을 때조차도 그 시간이 되면 일을 할 수가 없어요. 자갈길 위에 차가 굴러들어 오는 소리만 살피고 있거든요……."

저는 가만히 그의 말에 귀 기울였습니다.

"아버지가 집에 들어와 콘솔 위에 열쇠를 던지는 소리를 들으면, 척추를 타고 전기충격을 받는 느낌이 들었습니다. 곧이어 어머니가 이렇게 말하는 소리가 들리지요. '애는 방에 있어요. 공부하고 있어요.' 그런 날은 아무 일도 일어나지 않아요. 하지만 어느 날은 아버지가 나를 부르는 소리가 들려요. '니콜라!'"

말을 하는 니콜라의 입술이 작게 떨리고 있었습니다.

"취조의 순간이 온 거예요. 내가 운 나쁘게 안 좋은 성적을 받았다면 그는 이렇게 말해요. '무슨 벌을 받을지 알고 있지?' 아버지는 체벌을 마친 후에 반드시 이 말을 덧붙였어요. '내가 이렇게까지 하게 만들다니 부끄러운 줄 알아라.' 아버지는 나를 공포에 떨게 하고 학대했을 뿐만 아니라 죄책감까지 안겨 주었어요. 근데 더 웃긴 건 그게 먹혔다는 거예요. 저는 진짜 제가 잘못하고 있다고 생각했거든요."

"어머니는 어땠나요?"

"아버지가 제 따귀를 때리거나, 혁대를 풀어 매질하거나, 팔굽혀펴기를 시키거나 그의 기분에 따라 여러 가지 끔찍한 체벌을 하는 동안 어머니가 어디 있었던 건지 아직도 모르겠어요."

부모의 잘못을 억지로 용서하지 마라

제가 니콜라와 함께한 심리치료는 무척 고통스러운 시간이었습니다. 그는 자신을 그토록 학대한 아버지에 대해 비난의 말을 하는 것조차 힘들어했어요. 그에게는 더 이상의 치료가 시기상조라고 생각했고, 저는 아버지와 다시 만날 건지 말 건지 결정을 내려야 할 것 같다고 말했습니다. 실제로 그는 열여덟 살에 집을 떠나 가족과 연을 끊고 지냈고, 스스로 돈을 벌어 살아왔습니다. 그러면서도 내내 죄책감에 시달리고 있었어요. 니콜라는 자기 자신을 '나쁜 아들'이라고 생각하고 있었습니다.

"실제로 저는 다루기 쉬운 착한 애는 아니었으니까요……. 아버지도 운이 없는 거지요……."

저는 할 말을 찾을 수가 없었어요. 니콜라에게 '세상에는 우리가 받아들일 수 없고, 하물며 용서하는 것은 생각조차 할 수 없는 일'도 있다는 사실을 이해시켜야 했습니다. 그가 아버지와 연을 끊은 것은 합당한 이유가 있었고, 그에 대해 죄책감을 느낄 필요가 없다는 것도요.

"니콜라, 우리가 숲 모퉁이에서 사나운 짐승과 마주친다면 어떤 생각이 들까요? 그 맹수의 심정을 헤아리나요? 아니지요, 자기 자신을 보호할 생각밖에 할 수 없잖아요. 그게 당연한 거고요. 대화를 시도하거나 쓰다듬으려 하지 말고, 전속력으로 도망쳐 자기 목숨을 구하는 게 현명한 거예요."

그가 이 비유를 알아듣길 바랐습니다. 니콜라가 했던 행동이 바로 이런 것이었으니까요. 힘이 생기자 그는 자신을 정신적으로 위협하고 뒤흔드는 권위적이고 난폭한 아버지로부터 도망쳤습니다. 필연적으로, 반드시 해야 하는 행동이었지요. 니콜라의 선택은 옳은 결정이었습니다.

니콜라는 끔찍한 가스라이팅과 폭력의 희생자였습니다. 어른이 된 지금도 그는 아버지를 원망할 충분한 이유가 있었습니다. 자신의 감정을 다시 표현할 수 있는 정도가 되려면, 그런 아버지를 만난 자기가 '진짜 운이 없는 사람이었다'라는 사실을 받아들일 필요가 있었습니다. 자기 자신을 자책하는 대신 말이지요.

어린아이에게 행사한 폭력에 대해서는 어떤 변명의 여지도 없으며, 니콜라의 아버지는 경멸당해 마땅했습니다. 그건 결코 훈육이 될 수 없기에, 아버지가 교육자로서 제대로 된 역할을 하지 못했다면 자식도 아버지를 존경해야 할 의무는 없습니다.

저는 진료실에서 니콜라와 같은 사람들을 자주 만나곤 합니다. 그들이 모두 같은 방식으로 상황에 대응하지는 않는다는 사실을 말해 두고 싶네요. 실제로 어떤 이들은 자신에게 고통을 준 부모가 그들의 입장을 어렵사리 꺼내 놓을 때, 그 말을 듣거나 받아들여야 할 때도 있습니다.

"니콜라, 혹시 과거의 일 중에 아직까지 일생생활을 침범하는 것이 있을까요? 예를 들어 일하다가 실수하는 걸 병적으로 두려워한다든지, 우선순위를 세울 때 어떤 부분을 계속해서 평가절하하고 있지는 않은지, 사람들이 당신을 칭찬할 때 그 상황을 받아들이기가 힘들지는 않은지 한번 살펴보세요. 아내가 아이들을 보호해 줘야 할 순간에 그렇지 않으면 그녀를 향해 불같이 화를 냈던 적은 없어요?"

한 가지 확실한 것은 학대받은 아이들은 부모 자격이 없는 부모를 그저 받아들이는 방법밖에 모른다는 사실입니다. 그런 아이들은 다른 사람으로부터 존중을 받아본 적이 없어서 자신이 존중받아 마땅한 존재라는 사실을 자각하지 못합니다. 또한 학대받은 아이들이 성인이 되면서 과거의 기억을 잊는 것은 불가능합니다. 스스로 원한다고 해도 불가능한 일이지요. 그들을 보살피는 유일한 방법은 어린 시절에 겪은 불행이 현재의 일상을 좀먹지 않도록 이끌어 주는 것뿐입니다. 다행히 많은 이들이 아픈 일을 경험한 뒤에도 성공적으로 자기 인생을 회복해 나갑니다. 용서의 문제는 또 다른 이야기이지요. 각자 자기 신념이나 가능성에 따라 다르게 처리할 수 있다고 생각합니다.

사이좋은 부모 자식도 방심할 수 없는 이유

또 어떤 이들은 문제가 무엇인지 모르거나 부모가 자신에게 해롭거나 파괴적인 결과를 일으켰다는 생각 자체를 완강하게 부인하는 때도 있습니다. 전문직에 종사하는 서른두 살의 이렌은 두 달 반 이상 남자친구를 사귀어 본 적이 없었기에 그 이유를 알고 싶어 저를 찾아왔습니다. 그녀는 상담 첫 시간부터 제게 이렇게 말했습니다.

"부모님과의 관계는 문제가 없어요. 어린 시절에 특이한 일을 겪은 적이 없거든요. 그러니까 상담 중에 저희 부모님 이야기는 하지 않으셨으면 좋겠어요."

그러나 나는 이렌의 부탁을 들어 줄 수 없었습니다. 왜냐하면 심리치료는 통과의례를 거치지 않고서는 이루어질 수 없기 때문이지요. 즉 누구나 자신의 어린 시절과 부모님과의 관계를 되짚어봐야 한다는 뜻입니다. 이어지는 상담 시간에 만약 내가 '부모님'에게 조금이라도 다가가면 그녀는 숨기고 있던 발톱을 꺼내어 방어벽을 쳤습니다.

"부모님은 저를 위해 모든 걸 해 주셨어요. 지금도 그래요. 엄마는 매일 제게 전화하신다고요. 우린 항상 많은 얘기를 나누지요. 아빠도 마찬가지예요. 두 분을 비난할 거리는 전혀 없는걸요."

이런 유형의 내담자와는 지속적인 관계 형성을 통해 상담이 이루어져야 합니다. 저는 가장자리부터 건드리면서 천천히 중심으로 들어가는 나선형 접근법을 택했습니다. 그렇게 몇 달이 지나자 이렌은 좀 더 솔직하게 자신의 이야기를 털어놓기 시작했습니다.

"엄마는 제가 친구를 초대하는 걸 좋아하지 않았어요. 제가 친구 집에서 자고 오는 것도 허락하지 않았고요. 대신 제 기분을 달래 주려고 저를 극장에 데려갔어요. 어쨌든 그때 저는 너무 즐거웠어요."

저는 그녀가 상담 첫 시간에 했던 말을 이해할 수 있었습니다. 그녀의 어린 시절에는 특별한 사건이 없었지요. 눈에 띄게 슬픈 일도 없었고, 가족 사이에 끔찍한 다툼 같은 것도 없었습니다. 하지만 분명 그녀의 과거에는 문제가 있었고, 저는 아주 조심스럽게 그녀에게 이 이야기를 전했습니다.

"이렌, 당신이 고통스러웠던 이유는 너무 과잉된 애정 때문이에요. 질식할 것만 같은 애정이 당신의 성장을 방해했고, 어른이 되기 위해 필수적인 자주성을 배우지 못했어요. 그래서 성인이 된 이후에도 관계를 맺는 일이 어려운 거예요."

이렌의 삶에서 부모님의 사랑 말고는 다른 사랑이 끼어들 자리가 없었습니다. 성인이 된 후에도 매일같이 전화하여 자식의 일거수일투족을 묻는 부모의 사랑은 이렌의 인생을 침범하고 있었으며, 그녀를 옴짝달싹 못 하게 만들었지요. 이렌이 방어적인 태도를 전부 걷어내려면 아마 오랜 시간이 걸릴 것입니다. '애정 과잉'으로 인한 트라우마는 종종 밝혀내기가 어렵습니다. 부모든 자식이든 배우자이든 이런 식의 과도한 애정은 문제를 일으킵니다. 여기서 중요한 것은 치료자와 내담자 간에, 치료의 목적에 대한 합의가 필요하다는 사실입니다. 치료의 궁극적인 목표는 그가 부모를 싫어하게 만드는 것이 아닙니다. 오히려 정반대가 맞겠네요. 사사건건 발목을 잡는 과거와 화해하는 과정이 필요합니다.

착한 딸이 아닌 좋은 어른이 되라

혹시 이 책을 읽는 당신도 자식이라는 이유로 부모의 부당한 요구를 뿌리치지 못하고 있지는 않나요? 어떤 부모들은 자식의 금전적·정서적 희생을 당연하게 생각합니다. 부모라는 이름의 굴레에서 벗어나는 일은 쉽지 않습니다. 책임지지 못할 큰돈을 자식의 이름으로 대출받으려는 아버지, 불만족스러운 결혼 생활을 버릇처럼 딸에게 한탄하는 어머니, 자식을 소유물처럼 생각하고 사생활을 모두 공유받으려는 부모들……. 당신이 이제 막 성년이 된 스무 살이든, 장성한 자식을 둔 중년이든 중요하지 않습니다. 자식들은 과도한 부모의 요구가 버겁다고 생각하지만 아무리 마음이 불편하고 화가 나더라도 마지못해 그 부탁을 들어 줍니다. 하지만 이런 요구는 결코 한 번으로 끝나는 법이 없지요. 자기 의견을 정확하게 표현하지 않는 이상 이런 상황은 늘 반복되곤 하지요. 심지어 작은 요구는 점점 더 커져 다음에는 더 큰 것을 바라게 될 것입니다.

모든 관계는 상대적입니다. 내가 노력하는 만큼 상대도 노력해 줘야 관계의 균형이 잡히는 법입니다. 부모와 자식 관계도 마찬가지입니다. 한쪽에게만 많은 것을 요구한다면 관계는 더 이상 건강하게 유지될 수 없습니다. 그러므로 부모와의 관계에서 균형이 맞지 않는다는 생각이 들면 '한계 설정'이 필요한 순간입니다. 한계 설정이란 자신이 어디까지 허용할 수 있는지 그 선을 정하고 상대에게 나의 경계를 알리는 것입니다. 술에 취할 때마다 폭력적으로 변하는 아버지에게 취한 상태로는 대화하지 않겠다고 선언하는 것, 근무 시간에도 10분마다 전화를 하는 어머니에게 회사에 있을 때는 되도록 전화하지 말라고 말하는 것, 혼자 사는 아파트에 약속 없이 함부로 들이닥치지 못하게 하는 것. 이 모든 게 한계를 설정하는 일입니다.

만약 당신이 부모의 부탁을 거절한 적 없는 착한 자녀였다면, 이런 단호한 태도에 부모는 처음엔 당황하며 당신을 탓할지도 모릅니다. 괜히 부모와의 불화를 만든 것 같아 죄책감이 들 수도 있고요. 하지만 우리는 나 아닌 다른 사람의 감정까지 책임질 수는 없습니다. 다시 말해 부모가 화를 낸다면 그것은 결코 당신의 책임이 아니라는 소리입니다. 그 분노는 당신 때문이 아니라 그들의 충족되지 않는 욕구 때문이고, 그건 욕구를 가진 당사자의 문제일 뿐, 그 욕구를 해결해 주지 않는다고 해서 당신이 나쁜 사람이 되라는 뜻은 결코 아닙니다.

부모와 자식 간의 관계를 살펴보면 장성한 자녀와 노년기의 부모가 함께해야 하는 시간이 가장 깁니다. 이때 오래도록 좋은 관계를 유지하고 싶다면 어른 대 어른으로 건강한 관계를 만들어 나가야 합니다. 온당한 이유로 서로에게 무언가를 요구하고 받을 줄 아는 관계 말이지요. 태어날 때부터 형성된 관계를 하루아침에 바꾸는 일은 어려운 일입니다. 두려움과 고통이 따라올 수도 있어요. 그러나 부모와 자식의 인연은 아주 오래 지속됩니다. 그러니 나를 힘들게 하는 사람의 손을 놓는 것을 너무 두려워하지 마세요. 그 사람이 부모일지라도 말이지요. 언젠가 다시 가족이 평화를 되찾고 행복해질 날이 올 테니까요.

왜 자꾸 남의 눈치를 보게 되는 걸까?

흔히 눈치를 많이 보는 사람을 줏대 없고 소심하며 기회를 노리는 사람이라고 생각하고는 합니다. 그러나 눈치는 인간에게 없어선 안 될 중요한 능력입니다. 아주 오래전부터 말이지요. 사냥과 채집으로 살아가야 했던 원시 시대에는 사냥할 때 무리의 전략을 알아차리고 신속하게 대응하는 비언어적 의사소통과 분위기 파악 능력이 필수였습니다. 또한 먹을 수 있는 식물과 그렇지 못한 식물을 가려내기 위해 주변 사람이나 동물이 무엇을 먹는지 살펴야 했지요. 그러므로 눈치란 인간이 자연에 적응해 나간 과정의 산물로, 떼려야 뗄 수 없는 인간의 특성입니다.

혼자 상상하고 혼자 판단하는 병

심리학 카페를 자주 찾는 가예탄은 그날도 남자 친구 문제로 속이 많이 상한 듯 보였습니다.

"우리 관계는 이미 끝난 거예요. 그는 더 이상 날 사랑하지 않아요. 우리는 곧 헤어지겠지요."

"남자 친구가 당신에게 마음이 떠났다고 말하던가요?"

"아뇨, 그런 건 아니지만…… 저는 그를 잘 알아요. 그래서 먼저 말했어요. 떠나고 싶으면 미리 말을 해 달라고요. 그의 마음이 이미 변한 걸 알고 있으니 적어도 당신 생각을 말해 줄 용기라도 내 달라고 말이지요."

"남자 친구의 반응은 어땠어요?"

"그는 제가 헛소리를 하고 있다고 말하더군요. 제가 얘기하지 않아도 그런 결정은 혼자서도 내릴 수 있다고, 진짜 사랑이 식는 날이 오면 부탁하지 않아도 알아서 말할 거라고요. 하지만 저는 확신해요. 제 생각이 틀리지 않았다는 걸요……."

그녀는 남자 친구를 자주 의심했고 그때마다 둘은 심하게 다퉜습니다. 문제는 가예탄이 남자 친구의 머릿속을 들여다본 사람처럼 매번 확신에 찬 어조로 그를 몰아세우고 있다는 점이었습니다.

가예탄의 문제점은 여기서 끝나지 않았습니다. 그녀는 남자 친구뿐만 아니라 다른 사람의 마음도 읽으려는 버릇이 있었거든요. 상대방의 표정과 말투의 조그만 변화도 놓치지 않기 위해 온 신경을 집중하고, 만약 대화 중에 특정 단어가 나오면 상상의 나래를 펼쳐 수많은 시나리오를 지어냈습니다. '저 사람은 나를 좋아하는 걸까?', '그는 무슨 의도로 그런 말을 한 거지?', '저 사람이 하고 싶던 말은 이게 아닐 거야.'

어쩌다 친구가 무뚝뚝하게 대할 때면 갑자기 불안해지고, 상사의 표정이 안 좋은 날에는 자기가 뭘 잘못했는지 생각하느라 일이 손에 잡히지 않습니다. 이렇게 시도 때도 없이 눈치를 보니 정작 한 일도 없는데 집에 가면 몸이 천근만근이었지요.

가예탄은 무언가를 결정하는 일도 힘들어했습니다. 누군가 할 일을 정해 주면 안심하고 제 능력을 발휘했지만, 그렇지 않을 땐 상대방의 의중을 살피는 데 급급한 나머지 자신이 무엇을 선호하고 중요하게 생각하는지는 판단하지 못했습니다.

우리는 대체 왜 남의 눈치를 보는 걸까?

눈치는 법이나 제도로 해결되지 않는 사회 문제나 갈등을 원활하게 해결해 주기도 합니다. 사회적 동물인 인간은 다른 사람들이 무엇을 원하는지, 어떤 생각을 하는지 미루어 짐작함으로써 서로 다른 의견을 조율하고 합의점을 찾아 나갑니다. 즉 눈치가 있기 때문에 상황에 따라 유연하게 대처하며 문제 상황을 빠르고 효율적으로 해결해 나갈 수 있는 거지요. 그뿐만 아니라 눈치 덕분에 우리는 좋아하는 사람의 의중을 짐작하고, 호감을 슬쩍 표현할 수도 있습니다. 다시 말해 문제 해결부터 대인관계까지 부드럽게 만들어 주는 눈치를 부정적으로만 생각할 수는 없다는 뜻입니다.

그러나 과도하게 눈치를 보게 되면 여러 부작용이 나타납니다. 우선 내 생각과 감정이 억눌리게 됩니다. 더 나아가서는 주관을 잃어버린 채 상대의 기준이나 가치에 의존하게 될 수도 있습니다. 또한 눈치를 보는 일 자체가 엄청난 긴장감과 주의력을 필요로 하므로, 눈치를 심하게 보면 에너지가 소진되어 신체적·심리적 무력감에 빠질 수 있습니다.

그렇다면 우리는 언제 눈치를 심하게 보게 될까요? 사회학자들에 따르면 "조직이나 사회가 건전할수록 눈치가 유용하게 쓰이지만, 권력을 가진 사람이 자기 이익을 위해 복종을 강요하는 경우, 조직에서 사람들이 살아남기 위해 눈치를 볼 가능성이 커진다."고 합니다. 실제로 서열이나 권력이 높은 사람이 자기보다 권력이 낮은 사람에게 눈치를 줘서 자신이 원하는 방향대로 움직이는 경우를 주변에서 흔히 찾아볼 수 있지요. 또한 심리학자들은 "변덕이 심하고 아이의 감정과 요구를 무시하는 부모 밑에서 자란 아이가 눈치를 심하게 보는 경향이 있다."고 말합니다. 같은 행동을 해도 때에 따라 야단을 맞기도 하고 칭찬받기도 하는 등 부모의 행동이 변덕스러우면 아이는 자기 기준을 세우지 못한 채 부모의 눈치만 살피게 되는 것입니다.

가예탄의 어머니가 바로 이런 경우였습니다. 어린 시절 가예탄을 당당하고 독립심 강한 여자로 키우고 싶었던 어머니는 그녀가 소심한 모습을 보일 때마다 버럭 화를 내거나 야단을 쳤습니다. 그러다가 아이가 움츠러들면 미안한 마음에 곧장 달려가 부드럽게 대해 주다가도, 아이가 계속 풀이 죽어 있으면 매우 답답해하며 혼내기를 반복했습니다. 다혈질인 성격도 한몫했지요. 밖에서 안 좋은 일이 있으면 가예탄에게 화풀이하기도 했습니다. 그런 어머니 아래서 자란 가예탄은 자기가 원하는 것보다 상대방이 원하는 것을 먼저 눈치채기 위해 애쓰는 사람이 되어 버리고 말았던 겁니다.

남의 마음을 함부로 읽으려고 하지 마라

눈치를 보다 보면 '혹시'가 '역시'가 되는 순간이 옵니다. '혹시 그런 게 아닐까?'라고 생각했던 마음이 '역시 그런 게 틀림없어!'라는 억측으로 바뀌는 거지요. 독심술을 하듯 상대의 마음을 꿰뚫었다고 착각하는 겁니다. 그런데 내가 읽은 상대방의 마음은 오직 나만의 생각일 때가 많습니다. 그 상황에서 내가 가졌던 마음을 상대에게 투사시켜 마치 상대방이 그런 마음을 가진 것처럼 착각하는 겁니다. 투사란 스스로 수용할 수 없는 욕망, 생각, 느낌을 다른 사람에게 옮겨 놓는 방어 기제입니다. 예를 들어 아내의 바람을 의심하는 남편은 사실 자신의 욕망을 아내에게 투사하는 것입니다. 그는 자신이 선하고 정당하다는 믿음을 보호하기 위해서 내면의 부정적인 생각이나 욕구를 외면하는 중이지요. 이처럼 투사는 우리의 의식이 받아들이기 어려워하는 감정들을 처리해 준다는 장점이 있지만, 한편으로는 애꿎은 사람을 의심하고 미워하게 만듭니다.

베어 하트라는 인디언 주술사는 처음에는 잔잔한 물에 자신의 얼굴을 비춰 본 뒤, 다음에는 막대기로 연못을 휘저은 뒤에 얼굴을 비춰보게 하고는 이렇게 말했습니다.

"당신이 어떤 사람을 만났는데 그 사람이 마음에 들지 않다면, 그 모습이 자기 자신의 모습이라고 생각하라. 당신의 내면에는 당신이 좋아하지도 않고 솔직하게 인정하지도 않는 특정 부분이 있다. 그리고 그것을 다른 사람에게서 볼 때 그 사람을 싫어하게 되는 것이다. 당신이 싫어하는 것이 실은 당신의 일부라는 사실을 늘 명심하라."

우리가 함부로 남의 마음을 읽고 그의 생각을 단정 지으면 안 되는 이유입니다. 인간은 기본적으로 자신밖에 모르는 동물입니다. 다른 사람의 생각과 느낌, 경험에 대해 추측 정도만 할 수 있을 뿐 결코 정확히 알 수 없다는 뜻입니다. 다른 사람의 생각을 추측하는 일은 개인적인 경험에 빗대어 상대방의 마음을 어림짐작하는 것뿐입니다. 이렇게 타인을 이해하는 과정을 '닻 내린 후 조정하기'라고 부릅니다. 일단 내 주관적인 경험에 닻을 내린 후 이를 조금씩 수정해서 타인을 알아맞히려고 한다는 의미입니다. 그래서 조정 과정은 최대한 객관적으로 진행되어야 하지요. 내 마음을 투사하지 않고 상대방을 있는 그대로 이해하기 위해서 노력해 봅시다. 비록 '있는 그대로' 이해한다는 것 자체가 어려울지라도 끊임없이 연습해야 합니다.

'눈치 보기'보다 '눈치채기'

혹시 당신도 오랫동안 다른 사람의 눈치를 살피진 않았나요? 그렇다면 실은 자기 마음속에 매몰된 것은 아닌가요? 그렇다면 이제는 '눈치 보기'보다 '눈치채기'를 해 봅시다. 우선 상대의 마음을 들여다보는 순간 일어나는 나의 감정적 반응을 살펴보세요. 내 마음 상태를 눈치채 보는 것입니다. 그리고 최대한 편견 없이 상대를 바라보세요. 엄마가 아기의 미세한 변화를 눈치채고 아이에게 필요한 것을 갖다주듯이 상대에 대한 애정을 가지고 살펴보면 그를 위해 내가 해줄 수 있는 것들이 무엇인지 보일 겁니다. 그 사람의 마음을 눈치채는 것이지요. 이렇게 나의 마음을 투사하는 대신 타인을 그 자체로 바라보려고 노력할 때 비로소 우리는 건강한 방식으로 눈치라는 능력을 사용할 수 있습니다.

우리가 타인에 대해 직감적으로 느낀 것들의 이면에는 대개 나의 불안감과 두려움, 시기심 등이 담겨 있습니다. 심지어 그것이 상대의 속마음이라고 믿으면서 쓸데없이 눈치를 보고 에너지를 쏟기도 하지요. 게다가 지나치게 눈치를 보는 행동은 상대를 긴장시키고 분위기만 어색하게 만들 뿐입니다. 그러니 자꾸 남의 마음을 읽으려고 하지 마세요. 상대방에게는 상대방의 생각이 있다는 사실을 잊지 마세요. 함부로 그 자리를 침범하면 안 됩니다. 그것만으로도 복잡했던 관계의 문제는 한결 단순해질 거예요. 남에게 보이는 관심을 반만 줄여도 인생이 한결 편안해질 것입니다.

쓸데없이 미안해하는 것도 버릇이다

상담을 하다 보면 사람들은 자기 자신에 대해 생각보다 정확히 알지 못하는 것 같습니다. 그래서 저는 저를 찾아오는 분들께 이렇게 묻곤 하지요.

"당신은 자신의 장단점을 정확하게 알고 있나요?"

대부분의 사람들이 자신의 단점에 대해서는 구체적인 목록을 제시하며 아주 예리하게 분석하는 반면 장점은 제대로 언급조차 하지 못합니다. '나는 그 자체로 충분히 사랑받을 만한 사람'이라는 자기 확신과 내적 평안이 있는 사람에게 자신의 장점과 단점은 그저 무수한 속성 중 일부입니다. 그래서 우월감이나 열등감 없이 상황을 왜곡 없이 받아들이고, 어떻게 하면 장점을 강화하고 단점은 고칠 수 있을까 고민합니다. 하지만 자기 존중감이 낮은 사람은 자기 자신에 대해서만큼은 세상에서 제일가는 혹독한 검열관이 됩니다. 부족한 점, 못난 점, 잘못한 점을 누구보다 날카롭게 지적하고 그걸 고치지 않으면 사랑을 받을 수도, 사랑을 줄 수도 없다고 다그칩니다. 그럴수록 단점은 더욱 도드라져 보이고 '사랑받기에 부족한 사람'이라는 내적 불안은 더욱 심해지지요.

사랑받기 위해 뭔가를 해야만 한다고 느낀다면

자기 존중감이 낮은 사람들의 삶은 하루하루가 '사랑받을 만한 자격을 갖추기 위한' 투쟁입니다. 초라하고 보잘것없고 무가치한 나를 사랑해 줄 사람은 없다는 생각에 최대한 원래의 내 모습을 감추고 사람들이 좋아할 만한 모습으로 꾸며내야 한다고 믿지요. 이런 생각이 심해지면 나조차 나를 알아보지 못하는 상황이 옵니다. 껍데기만 남은 채 내가 어떤 감정을 느끼고, 진짜 무엇을 하고 싶어 하는지 알아채지 못하는 것이지요. 그래서 심리치료사 오크랜더는 낮은 자존감을 '자기 자신을 잃어버린 상태'라고 표현했습니다.

저도 한때는 지독하게 자기애나 자존감이 없던 시간이 있었습니다. 그것도 아주 오랫동안 말이지요. 평생토록 '나는 사랑받을 만한 자격이 없다'라는 느낌과 싸워야 했습니다. 그것이 실제 내 모습이 아니며 어린 시절에 형성된 착각이었음을 깨달은 것은 남편과의 사별 후 10년간의 정신 분석 덕분이었습니다.

어린 시절, 어른들은 저를 '기적의 아이'라고 불렀습니다. 태어난 지 21개월이 지났을 때 독감으로 심한 고열과 복통에 시달리며 50일을 버틴 끝에 겨우 살아났기 때문입니다. 페니실린은 기적처럼 나를 살려냈지만 '언제 죽을지도 모른다'는 공포가 제 가슴 깊이 새겨졌고, 이후의 삶은 공포에서 벗어나기 위한 발버둥에 지나지 않았습니다.

아이 키우는 일에 별 관심이 없었던 나의 아버지는 일곱 살이던 나를 탁아소에 맡겼습니다. 변변한 직업이 없어 비용을 제때 지급하지 못한 탓에, 어린 저는 원장의 구박과 아이들의 따돌림에 시달려야만 했지요. 그때부터 전 오로지 살아남아야 한다는 생각에 하찮은 일까지 도맡아 하는 아이가 되었습니다. 어린아이답지 않게 의젓하고 투정조차 부릴 줄 몰랐던 아이, 어른들은 그런 저를 사랑해 주었습니다. 그때는 제 안에서 무엇이 죽어 가고 있는지 아무것도 몰랐습니다. 그저 매일매일 참고 견디면 언젠가 사랑받고 살 수 있을 거라는 막연한 기대뿐이었어요. 다만 주말마다 데리러 오겠다는 아버지가 오지 않을 때면 말할 수 없는 분노와 슬픔이 밀려와 어찌할 바를 몰랐습니다. 기숙사에 홀로 남겨져 발만 동동 굴렀지요. 결국 억눌려 있던 분노는 남편이 세상을 떠난 후에야 폭탄처럼 터져 버렸습니다. 나중에야 그것이 있는 그대로 나를 사랑하지 못한 대가임을, 그리고 그 뿌리가 부모에게서 받지 못한 사랑에 있음을 정신 분석을 통해 이해할 수 있었습니다.

나를 사랑하지 못하는 나에게

어린 시절에 나의 솔직한 감정을 있는 그대로 존중하고 받아 주는 부모나 양육자가 있었느냐에 따라 자존감은 크게 달라집니다. 건강한 부모 밑에서 자란 아이는 자신이 무엇을 느끼는지, 무엇을 원하는지 자연스럽게 아는 힘을 갖게 됩니다. 반면 어린 시절에 학대당하거나 방치된 사람들은 자신의 감정을 표현할 줄 모르고 몇몇 감정을 수치스럽게 여겨 스스로를 억압하곤 하지요. 부모나 양육자로부터 자신의 정서와 느낌이 무시되는 경험을 해 왔기 때문입니다. 이들의 고통은 성인이 되어서도 계속됩니다. 든든한 부모를 뿌리로 둔 사람은 부모님을 실망시키면 어쩌나, 사랑받지 못하면 어쩌나 하는 두려움 없이 자신의 감정을 충분히 느끼고 욕구를 표현하지만, 그렇지 못한 사람은 여전히 자신의 감정이나 기분을 온전히 깨닫지 못합니다. 그렇게 살다 보면 어느 날 갑자기 '이건 내가 아닌 것 같다'는 느낌이 찾아옵니다. 뭔가 불편하고 공허하고, 인생의 톱니바퀴가 헛도는 것 같습니다. 내가 아닌 껍데기로 살고 있다는 생각이 드는 거지요. 그래서 자꾸 화가 나고, 다른 사람을 시기하고 질투합니다. 또 사랑받을 만한 가치가 없다는 자기 비하에 빠지고, 모든 게 자기 잘못이라는 죄의식에 괴로워합니다. 아니면 남들에게 인정받기 위해 일 중독자가 되거나 상처 받지 않기 위해 방어적인 태도를 보이기도 합니다.

때로는 남들이 보기에는 작고 하찮은 상처에서 자기 비하가 시작되기도 합니다. 국립 과학 연구소 상임 연구원으로 일하는 아녜스는 명석하고 아름다운 여성이었습니다. 그런데도 그녀는 한 번도 남자를 사귄 적이 없었지요. '왜 우아하고 매력적인 여성과 만나려는 남자가 없었을까?'라는 궁금증은 몇 번의 상담을 통해 바로 해결되었습니다.

"제 가슴에는 채찍으로 맞은 것 같은 큰 흉터가 있어요. 엄청나게 보기 흉한…… 그런 흉터요."

아녜스는 남자가 접근하는 기색이 보이면 온몸으로 거부의 신호를 보냈습니다. 그리고 가슴에 남은 흉터를 감추기 위해 더 매력적이고 똑똑한 여성이 되어야 한다고 스스로를 다그쳤습니다. 그러나 지금 아녜스에게 필요한 것은 상처를 꽁꽁 감추는 기술이 아닙니다. 자신이 지금 이대로도 얼마나 멋지고 괜찮은 여성인지를 깨닫고 자기 자신을 사랑해 주는 일이었습니다.

심리학자 나다니엘 브랜든은 자존감에 대해 이렇게 설명합니다. "첫째, 우리 자신에게 생각하는 능력이 있으며, 인생에서 만나게 되는 기본적인 역경에 맞서 이겨 낼 수 있는 능력이 있다는 자신에 대한 믿음이다. 둘째, 우리 스스로 가치 있는 존재임을 느끼고, 필요한 것과 원하는 것을 주장할 자격이 있으며, 자신의 노력으로 얻은 결과를 즐길 수 있는 권리가 있고, 또 스스로 행복해질 수 있다고 믿는 것이다."

나에겐 상처 받지 않을 권리가 있다

나를 사랑하는 사람은 시련이 닥쳐도 이겨낼 수 있다는 자신감을 가집니다. 그래서 실패를 두려워하지 않고 자기 장점을 활용하면서 가고 싶은 길을 뚜벅뚜벅 걸어갑니다. 힘들고 속상한 일을 당해도 스스로를 파괴하는 행동에 빠지지 않고 자신을 잘 지켜냅니다. 또한 누구보다 자기 자신을 잘 파악하지요. 그들은 내가 어떻게 느끼고, 무엇을 잘하고 무엇을 못하는지 잘 알고 있습니다. 단점과 약점을 비난하지 않고 자신의 일부로써 받아들이며, 쉽게 좌절하지 않고 무작정 낙관하지 않는 마음가짐으로 미래를 설계합니다. 그러므로 자존감은 진정한 성장을 위한 필수 요소라고 할 수 있습니다.

자존감에는 자신을 존중하는 일도 포함됩니다. 부당한 요구를 거절하고, 무례한 태도로부터 자신을 지키고, 자신을 고통스러운 관계 속에 내버려 두지 않으며, 원하는 것을 주장하고, 상처 받지 않을 권리가 있음을 밝히는 것도 자존감입니다. 지난 시절, 저는 누가 시키지 않아도 힘들고 어려운 일을 자처하고, 누군가의 부탁을 거절하지 못하고, 작은 실수에도 지나치리만큼 미안해하곤 했습니다. 스스로를 누구에게도 환대받지 못할 부담스러운 존재나 쓸모없는 짐짝처럼 취급했던 것이지요. 그러나 지나치게 자신의 권리를 무시하는 것은 겸손도 미덕도 아닙니다. 쓸데없이 미안해하는 것도 결국 나를 아끼지 않은 내 탓일 뿐입니다. 나의 가치를 결정하는 것은 그 누구도 아닌 바로 나 자신입니다. 그러므로 나는 사랑받기 충분한 존재이며 행복하게 살 권리가 있음을 매 순간마다 잊어서는 안 됩니다.

세상에서 가장 아껴야 할 사람은 바로 나 자신이다

나다니엘 브랜든은 "자존감은 천부적으로 생기는 게 아니라 습득하고 터득해야 하는 기술"이라고 말했습니다. 그는 자존감을 높이는 여섯 가지 원칙을 다음과 같이 제시했습니다.

① 자신이 무엇을 하고 있는지 인식하며 산다.

② 자신을 있는 그대로 인정한다.

③ 자신의 선택과 행동에 책임을 진다.

④ 자신의 의견을 당당히 드러낸다.

⑤ 인생의 목적과 목표를 세운다.

⑥ 정직하게 산다.

알코올 중독 치료에 별로 호전을 보이지 않던 로뮈알드는 저의 권유로 심리학 카페에 정기적으로 참석하게 되었습니다. 그는 자기 자신을 낙오자이자 실패자로 몰아세우면서 괴로운 마음이 들 때마다 술로 달래는 버릇이 있었습니다.

"제 인생은 완전히 끝났어요. 아내도, 친구들도 모두 저한테 실망해서 등을 돌렸지요. 이 지경인데 왜 아직도 선생님은 제게 술을 끊으라고 말씀하시나요? 어차피 전 아무 가치도 없는 인간이라고요!"

로뮈알드는 우선 술잔을 드는 순간 자신이 무엇을 하고 있는지 인식하는 힘을 길러야 했습니다. 그리고 부끄러운 자기 모습을 볼 때마다 외면하지 않고 있는 그대로의 나 자신을 인정하면서, 술 대신 스스로를 위로하고 안아주는 버릇을 들여야 했습니다. "많이 힘들었구나. 괜찮아, 고생했어." 이런 식으로 말이지요. 투정 부리고 돌봐 주기를 바라는 자기 자신을 성숙한 자아가 다독여 주는 것입니다. 오랫동안 훈련을 통해 유쾌하지 않은 감정조차 억누르지 않고 조금씩 인정하게 된 로뮈알드는 점차 가슴을 펴고 덜 주저하는 목소리로 이야기했으며, 깨끗한 옷을 골라 입고 맛있는 음식을 챙겨 먹는 등 태도가 바뀌었습니다. 그러자 자기 안에 단점만 있는 것이 아니라 보석 같은 장점이 숨어 있다는 사실을 깨닫게 되고, 스스로 꽤 괜찮은 사람이라는 자신감을 얻게 되었지요. 그는 여전히 자신을 발견해 가는 중이고 매일 조금씩 자신을 사랑해 나가는 중입니다.

자신을 사랑한다는 것은 뭔가를 잘했기 때문에 주어지는 보상이 아닙니다. 실패도 하고 실수도 할 수 있지만, 그럼에도 자기 자신이 충분히 사랑받을 만한 사람이라고 믿는 것입니다. 자신의 긍정적인 면뿐만 아니라 부정적인 면까지 인정하고 안아 주며, 세상이 부당한 희생을 강요할 때 떳떳하게 맞서는 용기입니다. 잊지 마세요. 세상에서 가장 아껴야 할 사람은 그 누구도 아닌 바로 당신 자신이라는 사실을요.

친한 친구와의 사이가 예전 같지 않다고 느끼는 사람들에게

제게는 오래된 친구가 있습니다. 중학교에 입학해 처음 만나 남자 친구와 부모님 이야기 같은 사춘기 시절의 고민을 함께 나눴고, 사랑 때문에 힘들 때면 말없이 어깨를 토닥여 주었으며, 결혼과 출산 등 삶의 큰 통과 의례를 건널 때도 언제나 곁에 있어 주었지요. 열심히 일하고 아이를 돌보느라 겨우 연락만 주고받던 때도 있었지만, 그래도 어렵게 시간을 내어 만날 때면 온종일 폭풍 수다를 떨면서 일과 가정에서 받은 스트레스나 이런저런 상처들을 훅 날려 버릴 수 있었습니다. 그리고 노년을 앞둔 지금까지 제 곁에 함께한 세월이 참 꿈같았다고 웃으며 말할 수 있는 친구가 있어 참으로 행복합니다.

내 삶에서 오랫동안 함께하며 나를 지켜봐 준 사람이 있다는 건 큰 축복입니다. 나의 기쁨과 슬픔, 장단점을 모두 이해해 줄 수 있는 사람이 있다는 뜻이니까요. 그래서 우리는 오래된 우정 안에서 괜찮은 척, 있어 보이는 척할 필요 없이 그저 편안하게 내 모습 그대로 쉴 수 있습니다.

세월이 흐르면 우정의 모습도 변한다

십년지기인 루이즈와 엘레나는 같은 동네에 살면서 같은 학교에 다니고 같은 가수를 좋아하는 단짝 친구였습니다. 하물며 음식도 똑같은 걸 좋아하고 비밀 없이 모든 걸 공유하는 쌍둥이 같은 사이였지요. 그런데 스무 살이 되어 루이즈는 전문학교에 입학하고 엘레나가 파리의 대학교에 입학하면서 둘 사이는 조금씩 달라졌습니다. 공부에 전념하는 엘레나는 루이즈를 만나기 점점 힘들어졌고, 어렵사리 만나도 관심사가 너무 달라져서 공통의 화젯거리를 찾기 어려웠습니다. 그러다가 엘레나의 생일날 사건이 벌어졌습니다. 엘레나의 생일파티에서 그녀가 대학 친구들을 만나 나누는 대화를 듣다 보니, 루이즈는 엘레나가 이제는 자기보다 그들과 더 많은 걸 공유하며 훨씬 가까운 사이가 된 것 같다는 생각이 들었다고 합니다.

"엘레나에게 우리 우정은 예전 같지 않은 것 같아요. 물론 둘이 만나면 옛날처럼 즐거워요. 하지만 재밌게 놀고 나면 저 스스로 질문하게 돼요. '여전히 엘레나는 나를 가장 친한 친구로 생각하는 걸까?' 하고요. 어쩔 땐 엘레나가 대학 친구 클레망과 더 가까운 것 같아요. 고작 1년밖에 안 된 대학 친구인데도 더 많은 비밀을 나누는 것 같거든요. 저랑 만나서도 대학 이야기, 클레망 이야기를 할 땐 좀 마음이 상하죠."

루이즈의 이야기를 듣고 저는 조용히 고개를 끄덕였습니다. 그녀보다 조금 더 오래 산 내가 보기에 세월이 지나면서 우정의 모습이 변하는 건 당연한 일이었으니까요. 청소년기에 친구는 굉장히 중요한 역할을 합니다. 미지의 세상에 대한 두려움을 극복하고 헤쳐 나가는 데 있어서 든든한 동지가 되어 주지요. 또한 모두가 알다시피 청소년기에는 다양한 감정 기복을 겪으며 마음속에서 올라오는 충동적이고 공격적인 감정들을 다루는 데 애를 먹습니다. 그래서 부모에게 순종하다가도 때로는 반항하기도 하고, 다른 사람을 따라 하다가도 어느 날은 자신만의 정체성을 찾고 싶어 합니다. 이때 친구는 내 안의 공격적이고 파괴적인 에너지를 적절하게 내보낼 수 있도록 도와줍니다. 뿐만 아니라 이 연령대의 친구는 나를 비춰 주는 거울이 되기도 하지요. 그래서 친한 친구들은 비슷한 옷을 입고 쌍둥이처럼 붙어 다니는 등 서로에 대한 '보조 자아'로서의 역할을 하게 됩니다.

그러다가 성인이 되면 자연스레 예전의 친구와는 거리가 생깁니다. 서로의 정체성이 이미 확립되어 있고, 인간관계에 대한 욕구는 가족이나 연인, 동료들을 통해 어느 정도 해소되기 때문입니다. 인간관계의 폭이 넓어진 성인 이후에 친구란 어느 정도 거리감을 유지하면서 각자의 생각을 나누고 때론 따끔하게 충고도 해 주는 그런 사이가 됩니다. 더 나이가 들어 아이를 키우고 일하느라 바쁜 중년기가 되면 친구는 무거운 인생의 짐을 공감하고 나눌 수 있는 쉼터가 되지요. 그러고 나서 은퇴를 하게 되면 자식들도 떠나는 시점이 오게 되고, 이때 친구는 인생의 공허함을 달래 주고 앞으로의 삶을 함께 모색하는 새로운 동반자가 되어 줍니다.

나이 들어도 좋은 친구가 곁에 있는 사람의 비밀

오래도록 친구를 곁에 두는 비결은 세월에 따라 변하는 우정의 모습을 이해하고 받아들이는 것입니다. 나이가 들어도 어린 시절의 단짝처럼 모든 것을 함께하려고 한다면 자꾸만 변해 가는 상대의 행동에 상처 받기 쉽거든요. 그래서 저는 루이즈에게 한 가지 해결책을 제안했습니다.

"당신의 친구들을 친한 순서대로 한번 나열해 보겠어요?"

처음에 이 얘기를 들었을 때 루이즈는 부정적인 반응을 보였습니다.

"친구들한테 등급을 매기라고요? 그건 너무 비인간적인 거 아닌가요? 모름지기 친구라면 계산하는 사이가 아니라 아낌없이 모든 것을 내주고 마음을 다하는 사이라고 생각하는데요."

하지만 루이즈는 이렇게 말하면서도 무의식적으로 자기에게 더 의미가 있다고 생각하는 순서대로 친구들을 분류하고 있었습니다. 그녀의 가장 친한 친구 자리에는 엘레나가 있었습니다. 그런데 엘레나는 그렇지 않은 것 같아서 속상해하고 있었던 것이지요.

친구를 순서대로 분류하는 일은 생각보다 어렵거나 비인간적인 일이 아닙니다. 오히려 당신의 인간관계를 객관적으로 파악할 수 있게 도와주지요. 저는 이 작업을 '우정의 피라미드 그려보기'라고 부르는데요, 독자 여러분들도 한번 인간관계를 피라미드 형태로 정리해 보세요. 먼저 자기 자신을 피라미드의 맨 꼭대기에 두고 가장 소중한 사람들 순서대로 나머지 아래 칸들을 채워 봅시다. 첫 번째 칸에는 가족들, 연인, 당신의 모든 것을 내보일 수 있는 소수의 친밀한 친구들이 들어갈 겁니다. 두 번째 칸에는 그보다 덜 친하지만 여전히 좋아하는 친구들이 자리를 잡겠지요. 이렇게 한 칸 한 칸 채워 나가다 보면 나의 인간관계가 지금 어떠한 모습인지 전체적으로 조망해 볼 수 있게 됩니다.

우정의 피라미드에서 가장 중요한 점은 이 피라미드가 늘 고정된 게 아니라는 겁니다. 시간에 따라, 상황에 따라 피라미드 칸 속의 사람을 언제든지 재배치할 수 있습니다. 1순위에 있던 친구가 3순위로, 5순위에 있던 친구가 1순위가 될 수도 있습니다. 특별한 사건이 없어도 말이지요.

이렇게 언제라도 변할 수 있는 피라미드를 세워 나가다 보면 몇 가지 좋은 점들을 발견하게 됩니다. 첫째, 지금 내 삶에서 중요한 위치를 차지한 사람들에게 내가 가진 한정된 에너지를 온전히 쏟을 수 있습니다. 한창 일터에서 경험을 쌓을 시기에는 친구보다 직장 동료나 선후배 관계가 중요하고, 아이를 키울 때는 부모나 친구보다 아이에게 집중하는 게 당연합니다. 피라미드는 이처럼 인생의 어느 시기를 지나느냐에 따라 달라지는 인간관계의 중요도를 명확히 드러내는 도구입니다.

둘째, 그래서 당신 주위의 모든 사람에게 과도한 기대를 쏟지 않게 해 줍니다. 친구가 예전 같지 않더라도 바쁜 시기를 보내고 있겠거니 하고 이해하게 되는 식이지요. 그렇게 되면 인간관계에 대해 예전보다 집착을 줄이고 더욱 관대한 태도를 지닐 수 있습니다.

우정에 의무와 책임감을 느낄 필요는 없다

루이즈와는 반대로 미구엘은 너무 많은 사람들이 자신에게 친밀하고 특별한 관계를 바라는 탓에 인간관계에 부담을 느낀다고 말했습니다.

“조언해 주신 대로 관계의 순위를 정해 봤어요. 여러 가지 생각이 드는 탓에 쉽진 않았지만 덕분에 명확히 제 인간관계를 돌아볼 수 있는 계기가 됐습니다. 사실 저한테는 사람들과의 관계에 많은 시간을 쏟을 여유가 없거든요. 인생에서 중요한 사람들도 정말 소수고요.”

“정리되었다니 다행이네요.”

“그런데 걱정이 하나 생겼어요. 제 친구 중 하나가 저를 1단계에 두었더라고요. 그 사실을 최근에 알게 됐는데, 그는 저를 가장 소중한 친구로 여긴다며 계속 강조하더라고요. 문제는 제가 그 친구를 4단계에 뒀다는 점인데요……. 이럴 때는 어떻게 해야 하나요?”

물론 이런 일도 충분히 일어날 수 있습니다. 결론을 말하자면 미구엘은 어떠한 부담도 책임감도 느낄 필요가 없습니다. 이럴 때는 상대방이 원한다는 이유로 마지못해 의무적인 우정을 느끼려 하기보다는 마음이 가는 대로 정직하게 친구를 대하도록 합시다. 어떤 관계도 책임과 의미로는 지속되기 어려운 법이니까요.

와인과 우정은 오래 묵을수록 좋다는 말이 있습니다. 우정이든 사랑이든 필요하다면 서로 헤어져야 할 시기를 만납니다. 그렇지만 만남과 이별을 반복하면서도 우정은 오래도록 지속할 수 있지요. 달라지는 우정의 모습을 인정하고 받아들이지 못하면 오랫동안 친구와 함께하는 즐거움을 누리지 못할 거예요. 우정에도 숨 쉴 공간을 줍시다. 한번 '절친'이라고 영원히 '절친'일 수는 없습니다. 시간이 흘러 달라지는 친구를 원망하기 전에 적절한 거리를 두고 지켜봐 준다면 같은 곳을 바라보고 든든히 옆을 챙겨 주는 우정을 편안히 즐길 수 있을 겁니다.

세 번째 날

사랑

사랑이 떠나도
당신은 여전히 괜찮은 사람이다

무언가를 잃는다는 것, 그것에도 힘이 있다

진정한 사랑은 서로에게
자신의 길을 가도록 허락한다.
그래야 서로가 갈라지는 일이 없다는 것을
알기 때문이다.

—파울로 코엘료, 『브리다』

사랑이 떠나도 당신은 여전히 괜찮은 사람이다

사랑에 빠진 연인들은 서로를 이상화하기에 바쁩니다. 한마디로 콩깍지가 씌는 것이지요. 상대방의 좋은 점을 극대화하고 눈에 보이는 단점에는 눈을 감습니다. 심지어 상대방이 실제로 갖고 있지 않은 장점까지 만들어 내기도 하지요. 이에 대해 심리학자 하인즈 코헛은 "사랑하는 사람을 이상화하는 것은 자신에게 부족하다고 생각되는 권력, 지혜, 아름다움을 상대가 모두 갖고 있다고 믿고, 이러한 대상과 합일함으로써 안정과 평화를 얻으려는 노력"이라고 말했습니다.

사랑하는 연인에게 "우린 정말 비슷한 점이 많아!", "너도? 나랑 똑같네!" 이런 말을 한 번쯤 해 본 적 있으시지요? 사랑에 빠진 연인들은 사소한 일에도 공통점을 찾아내며 즐거워합니다.

마치 자신의 반쪽을 찾은 사람처럼 그 사람을 만남으로써 불완전했던 내가 완전해지고, 공허했던 세계는 충만하고 아름다운 곳으로 변합니다. 그들은 연인의 품에서 아기였을 때 어머니의 품에서 느낀 안정감을 다시 느낍니다. 그래서 연인들은 서로 아기 때나 부렸을 법한 애교를 부리며 사랑을 확인하고는 하지요. 그들에게 사람들은 말합니다. "좋을 때다, 좋을 때야." 변하지 않을 것 같은 강렬한 사랑의 감정도 나중에는 점차 사그라질 테니 지금 이 순간을 마음껏 즐기라는 뜻입니다.

이 사랑을 과연 끝내야 할까?

과학적으로 밝혀진 바에 따르면, 사랑에 빠진 사람의 가슴을 뛰게 하는 물질인 도파민은 그 효과가 3년을 넘지 않는다고 합니다. 누군가는 이를 근거로 사랑의 유효기간을 3년이라고 말하고는 하지요. 불꽃처럼 타오르던 사랑의 화력이 점점 약해지는 모습을 바라볼 때 우리는 슬픔에 잠깁니다. 이 세상에 영원한 건 없다더니, 우리의 사랑도 마찬가지라는 사실에 씁쓸한 기분이 드는 것이지요.

엘로디도 그랬습니다. 3년 전 장 루이를 만나 사랑에 빠진 엘로디는 그에 대한 사랑이 지금도 여전한 건지 헷갈린다며 심리학 카페를 찾았습니다.

"루이를 만났을 때는 정말 눈이 머는 것 같았어요. 웃으실 수도 있겠지만, 진짜 왕자님이 나타났다고 생각했거든요. 친구들은 내가 너무 과장한다고 말했지만 저는 그 애들이 질투하는 거라고 생각했어요. 그렇게 불꽃 같은 사랑에 빠졌고 어느새 3년이 지났네요. 물론 아직도 그를 사랑하고 있지만 자꾸 그의 사소한 결점들이 보여요. 루이는 자기 방식대로 정돈되어 있지 않으면 견디질 못해요. 저는 그런 모습을 볼 때마다 점점 더 날카로워져서 그를 비난하게 되고요. 한번은 그가 이렇게 말하더군요. '나는 네가 왜 짜증을 부리는지 이해가 안 돼. 난 옛날이나 지금이나 똑같이 행동하고 있는걸.' 그의 말이 맞아요. 그에게 반했을 땐 그런 모습이 전혀 신경 쓰이지 않았을 뿐……. 그에게 화를 낼 때마다 제 사랑이 식어 버린 게 아닌가 싶어 두렵고 괜히 미안해요."

시간이 지날수록 콩깍지는 벗겨지고 이전에는 보이지 않았던 상대의 단점들이 서서히 드러납니다. 사랑의 온도가 낮아질수록 모든 걸 함께 하고 싶은 욕심은 점점 줄어들고, 혼자만의 시간과 공간을 누리고 싶은 욕구가 커지게 되지요. 그럴 때 사람들은 사랑의 끝을 의심합니다.

그런데 이는 사랑의 끝이 아니라 또 다른 모습으로 사랑이 변모하는 순간입니다. 쉽게 말해 사랑이 불꽃처럼 타오르고 그냥 꺼져 버리는 것이 아니라 오래 지속하는 사랑으로 이어지는 과정의 일부라는 뜻입니다. 다만 열정적인 사랑만이 진실한 사랑이라고 믿는 우리의 편견이 사랑의 다른 모습을 보지 못하게 하는 것뿐이지요.

불꽃처럼 타오르던 사랑이 식을 때면

엘로디는 이제 열정적으로 사랑에 '빠지는' 단계에서 사랑을 '하는' 단계를 지나, 사랑에 '머무는' 단계로 나아갑니다. 사랑에 빠진 두 사람은 이 세상에서 분리되어 마치 하나가 된 듯한 황홀한 순간을 마음껏 즐깁니다. 그러다가 사랑을 하는 단계에 이르면 두 연인이 서로 에너지를 맞추어 가면서 그들만의 새로운 세계를 만들어 내지요. 그리고 사랑에 머무는 단계가 되면 두 사람은 편안하고 안전한 관계 속에서 휴식을 취하며 세상을 살아갈 힘을 얻습니다. 즉 둘만의 열정적인 사랑에서 세상과 연결된 차분한 사랑으로 탈바꿈하면서, 두 사람 사이에는 뜨거움이 줄 수 없었던 따스함과 부드러움이 흐르게 됩니다. 그 과정에서 우리는 상대를 상상하는 이상형이 아니라 실제 모습 그대로 사랑하는 법을 배우게 됩니다. 수많은 결점을 인정하고 받아들인 채로 그를 사랑하고자 결심하고 노력하는 것이지요. 그리고 상대가 있는 그대로 나를 사랑해 주는 모습을 발견했을 때, 그들의 사랑은 전과는 비교가 되지 않을 정도로 강력해집니다. 더는 자신의 결핍과 부족한 부분을 마주하는 일을 전만큼 힘들어하지 않게 됩니다. 이것이 우리가 사랑하는 사람에게 줄 수 있는 가장 강력한 힘이자, 사랑의 증거이자, 상대에게 바치는 가장 아름다운 찬사입니다.

그럼에도 불구하고 여전히 어떤 사람들은 두 사람이 하나가 되었을 때의 황홀경, 즉 열정적인 사랑이야말로 진정한 사랑이라고 주장합니다. 그러나 사람의 내적인 에너지는 한정되어 있습니다. 만약 계속해서 사랑에만 온 열정을 쏟는다면 직업적인 성취나 대인 관계는 소홀해지고 심한 경우 악화될 수도 있습니다. 또 모든 사람은 타인에게 가까워지고 싶어 하면서도 동시에 독립된 개체로 남고 싶은 이중적인 욕망이 있습니다. 그런데 두 사람이 언제나 함께하려고 하고 완벽히 일치하겠다고 욕심내면 고유의 자율성을 침해해 더 큰 반작용을 불러올 것입니다.

연인 사이에도 적절한 거리가 중요하다

그러므로 사랑을 오래도록 지켜 나가고 싶다면 최적의 거리를 유지할 수 있어야 합니다. 따로 또 같이 있을 수 있는 정서적 독립성이 필요한 것이지요. 즉 서로의 친밀감 안에서 자신을 열어 보이면서 사랑해 나가는 능력과 함께, 주기적으로 혼자 있을 수 있는 능력이 필요합니다. 그리고 이런 능력은 자신에 대한 믿음과 확신이 있을 때 발휘되는 법이지요.

여러 심리학자들에 따르면 아기는 엄마와의 분리를 거치는 과정에서 자신을 인식하는 태도, 타인을 인식하는 태도를 학습합니다. 혼자 놀 때도 엄마가 어디론가 가지 않고 내 옆에 있을 거라는 믿음이 굳건한 아기는 어른이 되어서도 사람들과 쉽게 정서적으로 가까워지고, 자신이 소중하고 존경받을 만한 자격이 있다고 생각합니다. 또 혼자 남겨지는 것을 두려워하지 않지요. 반면 엄마가 언제라도 사라질 수 있다는 불안감 혹은 아예 부모의 관심을 받지 못하고 무관심 속에서 자란 아기가 어른이 되면 상대방이 자신을 쉽게 떠나지 않을까 걱정합니다. 그래서 불안한 나머지 관계에 지나치게 많은 에너지를 쏟고, 사랑에 빠지면 주체할 수 없는 상황까지 스스로를 내몰며 사랑만이 전부라고 생각하게 되는 경우가 많습니다.

사랑 때문에 심리학 카페를 종종 찾아오던 가브리엘은 사랑에 빠지면 상대에게 모든 것을 바치곤 했습니다. 자신을 상대방에게 던져 하나가 되기를 갈망했습니다. 하지만 대부분의 여자들은 그의 숨 막힐 듯한 행동에 줄행랑을 쳤지요. 그때마다 가브리엘은 전부를 잃은 것만 같은 지독한 상실감에 시달렸습니다. 며칠 전 그는 1년간 사귄 여자 친구로부터 헤어짐을 선고받고 저를 찾아와 이렇게 말했습니다.

"그녀가 떠났어요. 마치 내 일부가 사라진 것만 같아요. 그녀가 그리워서 질식할 것만 같고, 아무것도 하고 싶은 기분이 안 듭니다. 혼자서 하는 일은 제게 아무런 의미도 없어요. 혼자서는 모든 일이 무가치하다고 느껴지거든요."

가브리엘처럼 연인 간의 거리감을 유지하는 일을 어려워하는 사람들에게 이별은 마치 자신의 생살을 뜯어내는 것과 같은 고통입니다. 만약 당신이 가브리엘과 비슷한 사람이라면 어린 시절에 형성하지 못한 정서적 독립성을 이제라도 얻어내야 합니다. 사랑하는 사람을 내가 상상한 나만의 구성물로 만들지 않고 그의 인생 그 자체로 받아들이고 사랑하는 법을 배워야 합니다.

의존하지 않고 즐기며 사랑하는 법

눈앞에 케이크가 있다고 상상해 봅시다. 빵은 밀가루, 버터, 설탕, 달걀 등으로 만들어져 있습니다. 겉은 초콜릿을 입혀 갖가지 색으로 장식했고, 중앙에는 탐스럽고 커다란 체리가 올라가 있습니다. 자, 그런데 이 케이크에서 중앙에 크게 자리 잡고 있던 체리가 없다면 어떨까요? 조금은 볼품없어질지 몰라도 케이크는 케이크입니다. 케이크 자체의 가치가 사라지지는 않는다는 뜻이지요. 케이크는 그 자체로 여전히 먹음직스러울 겁니다.

우리가 케이크라면 사랑하는 사람은 체리와 같습니다. 즉 연인이나 배우자는 우리의 삶에 가장 큰 비중을 차지하는 '장식'입니다. 케이크를 먹을 때 체리가 더해진다면 훨씬 맛있겠지만 체리가 결코 케이크 전체를 차지하지는 않듯이, 사랑하는 사람이 우리의 삶을 눈부시게 만들어 주지만 그가 떠난다고 해도 나는 여전히 꽤 괜찮은 사람으로 남는 거지요.

또 맛있고 영양가 높은 케이크를 만드는 일은 바로 나 자신의 몫입니다. 체리의 화려함에 의존해 부실함을 감추려는 케이크가 되지 마세요. 자신의 생존을 위해 상대를 필요로 하는 것은 의존일 뿐입니다. 진정한 사랑은 서로의 영역을 지키면서 상대를 받아들이고, 서로 맞추어 나가며, 그 안에서 함께 성장해 나가는 것입니다. 서로의 자율성을 존중해 줄 때에만 우리는 사랑에 질식당하지 않고 그 사랑을 오래도록 즐길 수 있다는 사실을 잊지 마세요.

이별 앞에서 결코 괜찮다고 말하지 마라

평생 함께일 거라고 생각했던 상대에게 이별을 통보받았던 적이 있으신가요? 세상에서 가장 사랑스러운 눈빛으로 나를 바라봐 주고, 내 모든 것을 속속들이 알고 있으며, 나의 유치한 모습조차도 따뜻하게 감싸 주었던 그가 언제 그랬냐는 듯 차갑게 뒤돌아섭니다. 실연은 죽음과도 같습니다. 사랑하는 사람의 죽음이자 사랑받는 '나'의 죽음이며 둘이 함께 만들어 낸 아름다운 세계가 종말을 맞이하는 일이니까요.

때로는 실연이 우리에게 죽음보다 더한 고통을 주기도 합니다. 어떤 사람은 몇 날 며칠을 울기만 하고, 어떤 사람은 분노로 잠조차 제대로 이루지 못하며, 또 어떤 사람은 둘이 함께한 사랑인데 왜 나만 상처 받아야 하느냐며 울부짖기도 하지요. 이처럼 이별은 사랑의 대가를 한 번에 받아 가겠다는 듯 우리에게 아픔을 독촉하곤 합니다.

사랑하는 사람을 떠나보낸다는 것

어떤 사람들은 이별을 대할 때 '쿨'하지 못한 자신의 모습을 부끄러워합니다. 이별의 아픔은 새로운 사랑으로 잊는다는 말처럼, 어서 빨리 그를 잊고 새로운 사람을 만나 보란 듯이 시작하고 싶은데, 끝내 미련을 버리지 못하는 자기가 답답하고 한심한 거지요. 때로는 미련 때문에 부끄러운 기억을 남기기도 합니다. 상대방에게 밤마다 전화를 걸어 목소리만 듣고 끊거나, 하루에도 몇 번씩 상대의 SNS를 염탐하기도 합니다. 그리고 이런 행동이 부끄럽다고 생각하면서도 쉽게 제어하지 못합니다.

그러나 미련은 이별을 맞닥뜨린 사람의 자연스러운 행동입니다. 마음을 다한 사랑이 떠났는데 어떻게 쿨할 수 있겠습니까. 사랑한 만큼 아파하는 것이 당연합니다. 프로이트는 사랑을 "리비도Libido의 투자, 이별을 리비도의 회수"라고 설명했습니다. 그런데 리비도를 거두어 오는 일은 빌려주었던 물건을 돌려받는 것처럼 간단한 일이 아닙니다. 사랑했던 사람이 떠난 후에도 나의 사랑은 한동안 그를 향해 흘러갑니다. 떠난 사람을 그리워하고, 찾아다니고, 고통스러울 수밖에 없는 겁니다.

이처럼 이별의 고통스러운 감정을 마주하고 온전히 느끼고 표현하는 과정을 '애도'라고 합니다. 애도 과정을 겪는 사람은 슬픔과 함께하는 여러 감정들을 한꺼번에 안고 살아갑니다. 절망감과 외로움, 공포, 죄책감, 분노, 적개심……. 이런 감정들이 일상 중에도 불쑥불쑥 튀어나올 수 있습니다. 애도의 과정이 모두 순서대로 이루어지는 것은 아니지만 보통 다음과 같은 4단계의 방향으로 흘러갑니다.

① 이별을 부정하는 단계

② 분노하는 단계

③ 타협과 우울의 단계

④ 수용의 단계

첫 번째 단계에서는 사랑하는 사람의 이별 통보를 장난으로 넘기거나 못 들은 척하는 등 그 사실 자체를 부정하려고 합니다. 그다음에는 "어떻게 나한테 그럴 수가 있어?" 하며 상대를 향해 저주를 퍼붓는 등 분노를 쏟아내지요. 그러고 나면 셋째로 타협과 우울의 강을 지납니다. 인생의 의미를 잃은 듯 모든 관계를 끊고 고립을 선택하는 거지요. 눈물을 쏟아 내고 통곡을 하는 등 온몸으로 아픈 마음을 표현하기도 하지요. 마지막으로는 이별을 온전히 받아들이는 수용의 단계입니다. 상실의 통증은 서서히 사라지고 현실로 돌아오면서 소중했던 옛 연인을 비로소 떠나보낼 수 있게 됩니다. 행복했던 만큼 아팠던 사랑을 있는 그대로 받아들이고, 사랑한 만큼 미워했던 그 사람 역시 다시 내 안으로 받아들입니다. 비록 사랑은 과거의 일이 되었지만 그 사랑이 현재의 나를 있게 했음을, 그리고 그 사랑을 통해 더욱 성장했음을 느끼게 됩니다.

충분한 애도 없이는 사랑도 할 수 없다

이별할 때면 사랑할 때처럼 내면의 모든 감정이 일순간 솟구쳐 오릅니다. 그래서 어떤 사람들은 견딜 수 없는 슬픔이나 분노 때문에 이별의 단계를 차근차근 거치지 않고 대충 덮어 버리려고 합니다. 어둡고 혼란스러운 내면의 모습을 마주하기가 두렵기 때문이지요. 그들은 위안을 줄 수 있는 새로운 사람을 급하게 만나거나, 모든 감정을 마비시킨 채 과거의 아픔 속에 머물거나, 일부러 쾌활한 척 지내려고 합니다.

리즈 역시 2년 전 헤어진 남자 친구를 떠나보내지 못하고 있었습니다. 그녀는 5년 전 처음 만난 그와 3년을 함께 살았다고 했습니다. 여행지에서 처음 만난 그들은 그야말로 한눈에 반해 사랑에 빠졌고, 비슷한 취향과 사고방식은 물론 유머 코드까지 딱 맞아 행복한 나날을 보냈습니다. 그런데 어느 날부터 남자 친구가 조금씩 변해 갔습니다. 애칭이 아닌 이름을 부르기 시작했고, 이야기하자고 하면 귀찮은 듯 "다음에 하자"며 돌아누워 버렸지요. 하지만 그때도 리즈는 사랑이 깨어질 거라고는 단 한 번도 의심하지 않았다고 합니다. 그저 권태기를 지나고 있겠거니 생각했었지요. 그런데 결국 남자 친구가 싸늘하게 이별을 통보했습니다.

"리즈, 여기까지 하자. 우리는 더 이상 아닌 것 같아. 이쯤에서 헤어지는 게 좋겠어."

그래도 리즈는 그가 다시 돌아올 거라고 굳게 믿었습니다. 집 안 가득한 그의 물건을 고스란히 남겨 두었고, 장을 볼 때도 그가 좋아하는 음식 재료들을 사다 놓곤 했어요. 하지만 얼마 전 친구를 통해 청천벽력 같은 소식을 듣고야 말았습니다. 그에게 새로운 여자 친구가 생겼으며 곧 결혼할 예정이라고 말이지요. 그녀는 이별한 지 2년이 지나서야 심리학 카페를 찾아와 눈물을 흘렸습니다.

"이제는 알겠어요. 그가 제게 돌아올 일은 없을 거라는 걸요. 하지만 떨어져 있던 시간이 길었잖아요. 지금 다시 만난다면……, 어쩌면 다시 노력해 볼 수도 있지 않을까요? 우리는 천생연분이니까요……."

리즈는 자신의 사랑이 끝났다는 사실을 받아들이지 않았습니다. 2년 동안 자신의 슬픔에 매일매일 먹이를 주고 있었습니다. 하지만 그 이유가 그에 대한 깊은 사랑 때문은 아니었습니다. 단지 그가 사라지고 나면 더 이상 자신의 존재가 가치 없어질 거라는 두려움에 지난 사랑을 놓아주지 못하고 있었을 뿐입니다. 이는 자신을 사랑해 주고 인정해 주는 사람이 있어야만 자기 자신을 괜찮은 사람이라고 여기는 사람들의 특징입니다. 그들은 그 대상이 사라지면 자신을 못난 사람으로 깎아내리기 시작합니다. '나는 사랑받을 자격이 없나 보다' 하면서 스스로를 보잘것없는 사람으로 만드는 것입니다. 그래서 그들은 어떤 희생을 감수하고서라도 자신에게 필요한 상대를 붙들어 두기 위해 모든 에너지를 소비합니다. 사랑하는 사람이 떠난 사실을 인정하지 않고 이미 사라지고 없는 그 대상을 찾아 정처 없이 헤매는 것이지요. 그렇게 리즈는 과거의 사랑을 부여잡기 위해 현재의 모든 즐거움을 희생하고 있었습니다.

이별에도 예의가 필요하다

평생을 함께하기로 약속한 연인으로부터 거절당했을 때의 슬픔을 어찌 말로 다 표현할 수 있을까요. 하지만 깊은 슬픔 속에서도 반드시 명심해야 할 점이 있습니다. 이별은 단지 사랑에 실패했다는 것일 뿐이지, 당신의 인생 전체가 끝났다는 의미가 아니라는 사실을요. 이별이란 사랑을 나눈 두 사람의 관계가 각자의 사정으로 인해 종료되는 일에 불과합니다. 그저 하나의 관계가 끝났을 뿐, 당신은 여전히 사랑받을 만한 가치가 있는 소중한 사람입니다. 만약 당신의 존재가 거부당한 느낌이 든다면 그건 그에게 의존하고 싶은 당신의 욕구 때문입니다. 그러나 이 세상에 당신의 존재를 평가할 사람은 아무도 없습니다. 심지어 당신 자신조차도 말이지요.

이별에 잘 대처하는 사람들은 이별의 고통을 대충 뭉개고 넘어가지 않습니다. 오히려 이별 후에 맞게 되는 온갖 감정을 충분히 느끼고 떠나보냅니다. 분노, 우울, 미련, 의심 등 힘들고 고통스럽더라도 회피하지 말고 그 감정들을 온전히 느껴 보세요. 그렇지 않고 슬쩍 넘어가려고 한다면 미처 애도하지 못한 이별의 아픔이 후폭풍으로 돌아와 나중에 더 큰 고통을 치르게 됩니다. 그때가 되면 묵은 감정들까지 솟구쳐 오르기 때문이지요.

그러니까 내게 찾아온 이별을 아프다고 발로 걷어차 버리지 마세요. 이별에도 예의가 필요합니다. 안녕이라고 제대로 된 작별을 고하는 것, 그것은 떠난 사람과 나를 묶어 놓았던 마지막 끈을 푸는 작업입니다. 서로 헤어질 수밖에 없음을, 이제는 내 마음속의 그를 떠나보내야 함을 인정하고 손을 흔들어 주도록 합시다. 또한 그동안 고마웠다고, 앞으로는 더 잘 살겠노라, 어제의 나에게 '안녕'이라고 말해 주세요.

사랑에서 이별까지, 행복과 고통의 롤러코스터를 완주해 낸 사람은 자기 자신을 더욱 잘 이해하게 됩니다. 또한 타인에 대한 공감 능력도 한층 깊어집니다. 애도란 다양한 감정을 두루 체험하는 과정이기 때문입니다. 그래서 분석 심리학자인 융은 실연에 대해 "창조적인 질병으로서 자신의 내부에 있는 악마의 모습까지 여행한 후, 거기서 곧바로 솟아오르는 것"이라고 표현했습니다. 아픈 만큼 성숙해진다는 말도 있지요. 이별의 강을 잘 건넌 사람은 다음 사랑을 더욱 잘할 수 있는 능력을 얻게 됩니다. 어떤 사람이 나와 잘 맞는 사람인지, 괜찮은 사람인지 알아보는 눈이 생기고 사랑하며 겪게 되는 슬럼프를 더욱 현명하게 극복하는 지혜를 얻게 되니까요. 더 나아가 애도 과정을 통해 우리는 주체적이고 자율적인 사람으로 성장합니다. 그가 없이도 잘 살 수 있다는 자신감, 내가 갖고 있던 사랑의 역량과 회복력, 성장을 향한 잠재력을 믿게 되는 것입니다.

그렇지만 여전히 많은 사람들이 이별을 두려워합니다. 그래서 사랑 앞에서 냉소적인 태도를 취하기도 하지요. 사랑에 전부를 거는 일은 미련한 짓이며, 그 누구를 만나도 비슷할 뿐 내 인생은 달라지지 않는다며 미리 선을 긋습니다. 그러나 우리는 매일 이별하며 살아가는 존재입니다. 언젠가는 사랑하는 삶과 헤어져야 하고, 높은 직위와 고액의 연봉도 놓아야 할 순간이 찾아옵니다. 영원할 것 같았던 젊음과 아름다움도 어느새 신기루처럼 사라지고, 결국 이 세상을 놓아야 할 순간을 맞이하겠지요. 그런 의미에서 인간에게 이별이란 숙명과도 같습니다. 그러니 이별을 너무 두려워하거나 걱정하지 마세요. 사랑과 이별은 우리의 의지와 무관하게 찾아옵니다. 그런데 이별의 고통을 피하겠다고 하면 사랑이 주는 행복과 성장의 기쁨까지 놓쳐 버리고 맙니다. 그러니 다시 사랑이 찾아오면 두 팔을 활짝 벌려 따뜻하게 맞이합시다. 마지막으로 사랑의 아픔과 기쁨을 온전히 누리고 한 걸음 더 성장할 당신께 아래와 같은 시의 일부를 선물할게요.

그대들 중의 어떤 이는 말한다.

기쁨은 슬픔보다 위대하다.

그러나 또 어떤 이는 말한다.

아니, 슬픔이야말로 위대한 것.

하지만 내 그대들에게 말하노라.

이들은 결코 떨어질 수 없는 것.

이들은 언제나 함께 오는 것.

—칼린 지브란「예언자」

운명적인 사랑에 빠졌다면
한 번쯤 그 사랑을 의심해 보라

사랑에 지치고 상처 받은 이들이 제게 찾아와 종종 이런 말을 합니다. "사랑이라면 이제 지긋지긋해요!" 그럼 저는 항상 이렇게 말하지요. "아니, 그 좋은 걸 왜 안 하려고 해요?"

사랑에 빠진 연인만큼 아름다운 모습이 또 있을까요? 그들은 상대가 세상에서 가장 반짝이는 보물이라도 되는 것처럼 서로에게서 눈을 떼지 못합니다. 그 사람 옆에 있으면 한없이 평범하기만 했던 내가 특별하게 느껴지고, 공허하게 텅 비어 있던 마음이 가득 차오르는 느낌이 들며, 왠지 모르게 자신감이 생깁니다. 세상이 예전과 다르게 눈부시고 살 만한 곳처럼 보이고, 나도 꽤 괜찮은 사람이란 생각에 괜히 웃음이 나오기도 하지요. 더 좋은 사람이 되고 싶다는 욕심도 생깁니다. 그래서 사랑에 빠진 이들의 얼굴엔 생기가 가득하고 입가엔 웃음이 사라지지 않습니다. 이처럼 사랑은 우리를 좋은 방향으로 바꾸어 놓는 힘을 가지고 있습니다.

자꾸만 아픈 사랑에 빠지는 사람들

사랑에 빠진 순간, 우리는 상대를 운명이라고 믿습니다. 잃어버린 나의 반쪽을 드디어 찾았으니, 이제는 사랑 때문에 아파하고 괴로워할 일은 없을 거라고 기대하지요. 출근길에서, 지하철에서, 여행길 기차 안에서, 우연히 거리에서 마주친 사람이 운명처럼 나와 사랑에 빠지는 일, 얼마나 근사하고 멋진 일인가요.

그런데 그렇게 강렬한 느낌으로 사랑에 빠지는 일이 반드시 좋은 것만은 아닙니다. 사랑의 힘으로 연인과 함께 성장하기 위해선 진지하게 생각해 봐야 할 질문이 있습니다. 바로 '내가 왜 그 사람을 사랑하게 되었을까?'라는 고민이지요.

서른두 살의 스텔라는 3년 전 운명처럼 캉탱을 만나 사랑에 빠졌습니다. 그녀는 그저 남들처럼 평범하고 안정된 삶을 사는 게 꿈이었기에 공무원이라는 직업을 택했고 그동안 만나 온 남자 친구들도 모두 무난한 편이었지요. 그러던 어느 날 그녀는 친구들과 조촐한 파티에서 우연히 캉탱을 만났습니다. 구석 자리에서 조용히 술을 마시며 이따금 사람들의 대화에 참여하던 캉탱은 말수가 적었지만 어딘가 지적인 구석이 있었습니다. 누구도 범접할 수 없는 자기만의 취향과 세계가 있는 것 같았고, 스텔라는 첫눈에 그에게 빠져들었습니다. 그의 이야기 외에 다른 사람들의 말은 전혀 들리지 않았고, 그가 조용히 술을 마실 때면 가슴 한편이 저려 오는 느낌이었습니다. 그렇게 스텔라는 캉탱에게 말을 걸었고, 곧이어 열렬한 사랑에 빠져들었습니다.

그런데 그것은 불행의 시작이었습니다. 그는 자기만의 세계에 갇혀 잘 나오지 않았습니다. 언제나 그가 좋아하는 책과 영화, 음악이 우선이었고, 그녀와의 시간은 뒷전이었습니다. 너무도 화가 난 그녀가 그에게 이야기를 좀 하자고 하면, 그는 별말이 없다가 꼭 철학적이고 심리적인 해석을 덧붙여 그녀의 태도를 의존적이라며 비난했습니다. 그런데 더욱 문제인 건 그 이야기를 들으면 스텔라는 자신이 무언가 잘못한 사람처럼 느껴진다는 것이었지요. 그와 대화할수록 그녀는 자신이 한없이 작고 초라한 어린아이가 된 듯했습니다. 스텔라는 그 느낌이 너무 싫어서 그의 철옹성 같은 세계를 빌미 삼아 싸움 걸기를 반복했습니다. 결국 캉탱은 스텔라에게 이별을 고했지만 그녀는 그를 쉽게 놓지 못했습니다. 심지어 그에게 폭언과 폭행을 당하면서도 헤어지려고 하지 않았습니다. 캉탱에게 끊임없이 전화를 걸고 집 앞에서 기다리기를 반복하던 어느 날, 고통에 지친 그녀가 심리학 카페를 찾아와 이렇게 말했습니다.

"캉탱이 너무 밉고 싫은데 헤어질 수도 없어요. 그가 너무 미워서 회사 일도 집중이 안 돼요. 정말이지 제 인생은 그를 만나고 나서 완전히 엉망이 되어 버렸다고요. 그런데도 싫다는 그를 억지로 불러내서 자꾸만 사랑을 구걸하게 됩니다. 도대체 제게 무슨 문제가 있어서 이런 나쁜 남자를 만난 걸까요?"

나는 그를 정말 사랑하는 걸까?

스텔라는 이 모든 문제가 캉탱 때문이라고 생각했습니다. 그녀의 마음에는 억울한 심정뿐이었습니다. '왜 하필 그를 만나서, 왜 내가 그 남자 때문에 이런 고통을 당하는 거야!'

그런데 문제는 그녀가 사랑을 대하는 방식에 있었습니다. 문제의 원인을 상대에게만 돌리면 우리는 아픈 사랑을 반복하게 됩니다. 어쩔 수 없는 운명 같은 사랑조차도 알고 보면 의식하지 못했을 뿐 우리가 스스로 선택한 사랑입니다. 그러니까 내가 누구를 선택하고, 어떻게 사랑에 빠지는가를 살펴보지 않고서는 계속해서 아픈 사랑을 반복할 뿐이며 결코 반복되는 문제를 해결할 수 없습니다.

프로이트는 "우리가 선택하는 사랑은 결코 우연이 아니며, 사랑할 대상을 발견하는 일은 이미 결정된 과거의 관계를 재발견하는 것과 같다."라고 말했습니다. 어떤 사람은 자기 부모와 비슷한 사람과 자꾸만 사랑에 빠지곤 합니다. 부모에게서 느끼는 감정과 유사한 느낌을 주는 상대나, 자신이 이상적으로 생각하는 부모의 상이 엿보이는 상대를 사랑의 대상으로 선택하는 겁니다. 또 어떤 이는 구원하고 싶은 모습을 가지고 있는 대상이나, 반대로 구원받고 싶은 자기를 돌봐 줄 수 있는 대상을 선택하기도 하지요. 이처럼 우리는 무의식적인 욕구에 따라 상대를 재단하고 판단하여 사랑에 빠지고, 어린 시절 가족과 주고받은 사랑의 방식을, 타인을 상대로 재연합니다. 그런 점에서 사랑은 상대에 따르는 운명이 아니라 자신의 무의식에 따르는 운명이라고 할 수 있습니다.

몇 달간의 치료를 통해 스텔라는 캉탱의 모습에서 예전 아버지의 모습을 떠올리게 되었습니다. 아버지는 계속 공부하고 싶어했지만 부모님의 반대로 일을 할 수밖에 없었습니다. 그러나 소심하고 여린 탓에 직장 생활에 적응하지 못했고 직장도 여러 번 옮겼습니다. 집으로 돌아온 아버지는 늘 수백 권의 책으로 둘러싸인 자기만의 방에 들어가 나오지 않았습니다. 스텔라는 아버지의 사랑을 느끼고 싶었지만 그런 이야기를 꺼내 본 적은 없었지요. 그러다 딱 한 번 아버지에게 사랑을 구한 적이 있었다고 합니다. 그때 아버지는 이렇게 말했습니다.

"너는 나를 사랑하는 게 아니라 그저 내가 필요할 뿐이다."

스텔라는 캉탱을 본 순간 아버지로부터 받지 못한 사랑이 떠올랐을 것입니다. 상처 입은 자신을 어루만져 주고 싶다는 욕구를 느꼈을 거예요. 하지만 동시에 자신을 외롭게 했던 아버지가 미워져 그에게 고통을 주고 싶었을 것입니다. 그래서 스텔라는 캉탱에게 사랑을 갈구하면서도 그를 몰아붙이기를 반복했고, 자신을 함부로 대하는 캉탱을 보면서 어린 시절의 상처에 소금을 뿌리듯 상황을 악화시키고 있던 겁니다.

힘들어도 결코 사랑을 포기하지 말아야 하는 이유

"과거에 상처 받은 일을 저보고 어떻게 하란 말씀이세요, 이미 일어난 일인데……. 계속 이런 사랑을 반복하는 게 제 운명이란 말인가요?"

스텔라는 이 모든 사실에 저항하듯 화난 목소리로 제게 물었습니다. 그런데 생각해 보세요. 이 세상에 상처 없는 사람은 단 한 사람도 없습니다. 세간의 부러움을 살 만큼 아름다운 사랑을 해 나가는 커플들도 마찬가지입니다. 모두 억눌린 자아와 숨겨진 상처에 들어맞는 사람을 무의식적으로 선택하기 마련입니다. 거대한 무의식적 욕망이 없었다면 누군가를 열정적으로 사랑하는 일도 불가능했을 겁니다.

사랑 때문에 힘들 때는 그 경험을 잘 이겨 내면 그만입니다. 그렇게 우리는 스스로를 치유할 수 있습니다. 사랑만큼 자신의 오래된 상처와 직면할 좋은 기회도 없기 때문입니다. 사랑에 빠졌을 때 우리의 내면에는 다양한 감정이 끓어오릅니다. 기쁨과 충만함, 만족감, 편안함, 행복 등 긍정적인 감정들이 펼쳐지는 동시에, 다른 한편으로는 분노, 불안, 질투, 우울, 집착 등 부정적인 감정들이 끓어오르지요. 사랑이 오랫동안 억눌려 온 무의식적 욕구를 건드리기 때문입니다.

이때 내면에서 올라오는 모든 감정을 있는 그대로 느껴 보세요. 그리고 그 감정이 상대에게서 오는 게 아니라 나에게서 온 거라는 걸 인지하세요. '내가 질투가 심한 편이구나.', '나는 자격지심이 있는 사람이었구나.', '내가 이렇게 의심이 많은 사람이구나.' 등 감정 하나하나를 느끼다 보면 어느새 폭발할 것 같았던 감정들도 내면에서 완화됩니다. 그러고 나면 감정의 근원을 살펴볼 여유가 생기게 되지요. 지난날 받지 못했던 사랑과 그에 따른 상처를 충분히 슬퍼하고 다독여 주자고요.

그래서 사랑이 좋은 겁니다. 무의식의 사슬에서 조금은 자유로워지는 눈부신 성장의 기회를 주기 때문입니다. 그러니 사랑하는 사람 때문에 힘들 때는 스스로에게 물어보세요. 내가 왜 그를 사랑하게 되었는지를 말입니다. 그 사람이 자꾸만 건드리는 나의 아픈 부분이 어디인지, 그리고 그 상처가 어디에서 왔는지를 살펴보세요. 아픔의 원인을 상대에게만 떠넘기지 않고 나를 깊이 들여다보려고 할 때, 우리는 비로소 사랑이 주는 큰 선물을 발견하게 될 것입니다.

굳이 결혼을 하겠다는 당신에게 해 주고 싶은 다섯 가지 조언

저는 올해로 재혼한 남편과 함께한 지 29년이 넘었습니다. 똑 부러지게 시시비비를 가리던 대쪽 같던 남자는 언젠가부터 사소한 일에도 쉽게 마음이 상하는 배불뚝이 중년 아저씨가 되더니, 이제는 흰머리 가득한 노신사의 모습으로 제 앞에 서 있습니다. 무수히 싸우고 화해하는 동안, 가장 예쁜 모습부터 가장 못난 모습까지 보아 오면서도 여전히 함께하는 그와 나. 세월은 콩깍지를 벗겨내고 열정적인 사랑의 잔재조차 날려 버렸지만, 대신 누구보다 든든한 친구이자 버팀목을 서로에게 선물해 주었습니다. 가끔 그의 구부정한 뒷모습을 보면 사랑보다 깊은 연민의 정이 느껴져 이렇게 혼잣말을 내뱉기도 합니다.

"당신을 만나서 참 다행이에요. 그동안 고생 많았어요."

누군가와 함께 산다는 일엔 행복과 기쁨만큼의 인내와 희생이 따르기 마련입니다. 사랑과 믿음이 뒷받침되는 만큼 유치하고 옹졸한 모습까지 보여 주게 되지요. 그래서 영국의 저널리스트 리처드 스틸은 "결혼이란 우리가 이 세상에서 경험할 수 있는 가장 완벽한 이미지의 천국과 지옥이다."라고 말했습니다. 그럼에도 불구하고 여전히 많은 사람들이 행복한 결혼을 꿈꿉니다. 그 형태가 결혼이든 동거든, 어느 시점이 되면 앞으로도 이 사람과 함께할 것인지를 선택해야 합니다. 그래서 이 장에서는 여러 커플을 치료해 본 심리 상담가로서, 결혼 생활을 해 본 선배로서 누군가와 함께 살기로 결심한 사람들에게 알려 주고 싶은 다섯 가지 조언을 말해 주도록 하겠습니다.

가치관이 비슷한 사람인지 따져 보라

클로틸드는 리샤르를 처음 보는 순간 그에게 강하게 끌렸습니다. 둘은 넉 달째 연인 관계를 이어가고 있었지요. 그런데 지난 대선 때 클로틸드는 리샤르가 극우파에 투표했다는 사실을 알게 되었고, 결국 그에게 이별을 고했습니다. 그녀에게 평등과 연대는 무엇과도 바꿀 수 없는 중요한 가치이기 때문입니다.

어떤 사람은 사회적 성공을, 어떤 사람은 개인적인 휴식을 더 가치 있게 생각합니다. 또 어떤 이는 씀씀이가 크고 어떤 이는 돈 모으기를 좋아합니다. 이처럼 사람들은 모두 각기 다른 가치관을 가지고 살아갑니다. 그런데 그중에는 저마다 결코 타협할 수 없는 핵심적인 가치가 있습니다. 이를테면 아이를 키우는 데 있어 중요하게 생각하는 가치나 세상을 보는 시선 등이 있지요. 그리고 배우자와 이런 핵심 가치관이 비슷할수록 결혼에 대한 만족도는 높아집니다. 이는 사회 과학자들의 실험에서도 증명되었습니다. 경제적 배경, 종교, 연령대 등이 비슷한 배우자를 만났을 때 결혼에 대한 만족감이 높고, 결혼 생활도 오래간다는 것입니다. 그렇다고 가치관이 다르다고 해서 무조건 결혼하지 말라거나 가치관이 똑같은 사람만 만나라는 뜻은 아닙니다. 다만 핵심적인 가치관이 다르면 복잡한 문제에 부딪힐 확률이나 결혼 생활이 파탄에 이를 가능성이 현격히 커진다는 사실을 알아 두어야 합니다.

핵심적인 가치관이 어긋날 때, 어떤 사람들은 결혼하면서 배우자를 변화시키겠다고 마음먹기도 합니다. 하지만 이런 생각은 매우 위험합니다. 왜냐하면 그를 변화시킬 수 있는 사람은 그 자신 말고는 아무도 없기 때문입니다. 그러므로 이제부터는 지금 모습 그대로 상대의 가치관과 자신의 가치관을 냉정히 비교해 봐야 합니다.

사랑하는 사람과 가치관을 공유하려면 먼저 자신에 대해 잘 알아야겠지요. 자신이 진짜 중요하게 생각하는 게 무엇인지 제대로 정립이 되어 있지 않으면 이것도 중요하고 저것도 중요해서 포기하지 못하는 가치관 목록은 점점 길어집니다. 그럴수록 사랑하는 상대와 가치관을 맞추기는커녕 이리저리 흔들리며 싸움만 늘어나게 됩니다. 핵심적인 가치관은 서너 개면 충분합니다. 그리고 상대방과 갈등을 빚을 때마다 그 가치관을 꺼내어 살펴보세요. 만약 핵심적인 가치관을 건드리지 않는 일이라면 자신에게 물어보세요.

'이 문제가 우리 관계를 무너뜨릴 만큼 중요한 걸까?'

핵심적인 가치관의 기준을 세우면 장기적인 관계를 다져 나가는 데 도움이 될 뿐 아니라 사랑하는 사람과 싸울 일도 줄어들고 관계도 돈독해질 것입니다.

바빠질수록 함께하는 일을 만들어라

올리비아는 피터와의 관계가 소원해진 것 같아 걱정했습니다. "피터와 결혼한 지 12년이 되었네요. 우린 관점도 비슷하고 사랑한다는 말도 자주 해요. 예전엔 운동도 같이 하고, 일본어 학원에 같이 다니거나 댄스 수업도 들었지요. 늘 함께했는데……. 몇 년 전부터 아이들이 생기면서 더는 함께 할 수 있는 일이 없어요. 그냥 나란히 옆에서 같이 사는 기분이랄까요. 서로 사랑하는데도 불구하고 왜 이렇게 된 건지 이해가 안 돼요."

시간이 지남에 따라 결혼의 의미가 변하는 건 매우 자연스러운 현상입니다. 앞서 사랑의 형태가 변하는 과정에 관해 이야기했던 것을 기억하시나요? 결혼 이후에도 마찬가지입니다. 20대에게 결혼이란 함께 있고 싶은 욕망입니다. 30대와 40대의 결혼은 아이를 낳고 재산을 쌓아 가는 생산의 개념이지요. 50~60대에게 결혼은 자아로의 환원입니다. 둘이 하나로 살았으니 이제 다시 나로 돌아가고 싶은 독립의 욕구가 강해집니다. 70~80대에게 결혼은 죽음을 생각하고 또 아름다운 마무리를 준비하는 과정입니다.

그중에서 가장 바쁜 시기는 30~40대입니다. 부부는 아이를 키우고 회사에 다니느라 눈코 뜰 새 없는 하루를 보냅니다. 자연스레 서로 관심사를 나누고 열광적으로 빠져드는 경험은 점점 사라지고, 대화 대부분은 아이와 돈, 가족으로 채워지지요. 이 시기 부부는 열렬히 사랑하는 관계라기보다는 앞날을 개척해 나가는 동지 관계에 더 가깝습니다. 하지만 그렇더라도 둘 사이의 정서적인 유대의 끈이 끊겨 버리면, 훗날 아이가 독립하게 되었을 때 부부는 더 이상 함께 살아야 할 이유를 찾지 못합니다.

부부란 살아 있는 개체입니다. 부부 관계에도 연료가 필요하고, 그 연료는 둘이 함께하는 경험에서 나옵니다. 장기적으로 관계를 유지하고 싶다면 함께 할 수 있는 일에 뛰어들어야 합니다. 함께 하는 일이라고 해서 거창한 일을 할 필요는 없습니다. 지금 당장 꼭 해야 하는 일을 같이하는 것으로도 충분합니다. 남편에게 배관 수리하는 법을 배워보거나 남편과 함께 저녁 식사를 준비해 보세요. 어쩌면 집을 함께 보수하면서 그동안 쌓인 이야기를 풀 수도 있을 것입니다. 이처럼 상상력을 발휘해서 해야 하는 일들을 함께하는 프로젝트로 바꿔 보세요. 그것만으로도 부부 사이는 꽤 돈독해질 수 있습니다.

유머 감각을 잃지 마라

사랑하는 사람 앞에 서면 우리는 튼튼했던 자기 보호의 울타리를 거두고 숨겨 둔 욕망과 욕심을 꺼내어 놓습니다. 그렇게 서로의 솔직한 모습을 바라보며 더 깊은 사랑에 빠지기도 하지만 서로의 밑바닥을 경험하기도 합니다. 기대와 실망, 애정과 미움 등 온갖 감정이 끊임없이 뒤섞이기 때문이지요. 정말 아무것도 아닌 일로 목숨 걸고 싸우고, 다른 사람에게는 절대 하지 않을 치명적인 말도 서슴없이 내뱉게 되지요. 그렇게 한바탕 싸우고 상처를 입지만 또 미안하다는 한마디로 마음을 풀고 다시 괜찮아지는 것이 부부 사이입니다.

일상적으로 일어나는 다툼을 현명하게 건너기 위해 필요한 것이 유머 감각입니다. 유머는 우리의 공격성을 느슨하게 하고 딱딱한 상황을 부드럽게 만들어 주어 큰 감정싸움으로 번지는 것을 막습니다. 감정적으로 날카로워져 있을 때 적당한 재치로 위기 상황을 부드럽게 넘기고, 자신과 다른 사람의 실수를 따뜻하게 감싸 안으면서 서로 긴장을 풀고 경계를 늦추게 만드는 것이지요.

어느 책에서 읽은 할머니의 말이 생각납니다. 먼저 남편을 보낸 그녀는 남편의 유머 감각 덕분에 지난 세월이 꽤 행복했다고 합니다. "그이가 떠나기 2주 전 밤에 이야기를 나눴어요. 남편이 무슨 말을 해서 내가 웃음을 터뜨렸더니 그이가 나를 지그시 보면서 만족스러운 표정을 짓더군요. 그러곤 이렇게 말했어요. '이렇게 오랜 세월이 흘러도 난 당신을 여전히 웃게 만들 수 있다고!' 그이는 늘 나를 웃게 하는 사람이었지요." 이처럼 유머는 죽음이라는 극한의 상황조차도 견딜 만한 것으로 만듭니다.

유머는 인생에서 이해할 수 없는 일, 비합리적인 일, 우스꽝스럽고 말도 안 되는 일도 일어날 수 있음을 받아들이는 포용력에서 나옵니다. 내가 좋아하는 사람은 나를 싫어하고, 노력해도 결과는 안 좋고, 착한 일을 많이 해도 매일 안 좋은 일이 생기는 등 도처에 모순적인 일이 널려 있는 세상입니다. 그런데도 인생의 모순과 인간의 불완전성을 바라보며 웃을 수 있을 때, 우리는 고통스러운 상황도 충분히 견뎌 낼 수 있다는 희망을 품게 됩니다. 그래서 긴 세월 여러 위험을 함께 견뎌야 하는 부부에게 유머 감각은 필수라고 말해 주고 싶네요.

배우자가 이제는 지루하고 재미없을 때

오랜 기간 함께한 연인이나 부부는 어느덧 그 사람에 대해 모든 걸 알고 있다고 판단하는 단계에 이릅니다. 그가 어떤 하루를 보냈는지, 누구를 만났는지, 내가 하는 말에 어떻게 반응할지 뻔히 보인다는 것입니다. 이제는 상대가 궁금하지 않고 심지어 식상하고 지루하다고 느끼기도 하지요. 가끔 예상치 못한 행동을 보일 때도 대수롭지 않게 여기고 큰 관심을 두지 않습니다.

그러나 아무리 오래 함께 살아도 결코 다 알 수 없는 게 사람 마음입니다. 상대는 나와 전혀 다른 삶을 살아왔지요. 그에겐 내 삶의 궤적으로는 따라갈 수 없는 마음의 상처가 있을 수도 있고, 내가 엿보지 못한 꿈을 간직하고 있을 수도 있습니다. 또한 사람은 나이가 들어감에 따라 새로운 발달 과제를 만나게 되면서 과거와는 다른 모습으로 성장해 나갑니다.

그래서 사랑은 끊임없이 사랑하는 사람을 재발견해 가는 과정입니다. 새로운 발견이 때론 실망을 가져다주기도 하겠지만, 그런 발견이 있어서 우리는 늘 사랑을 풍부하게 만들어 나갈 수 있습니다. 알버트 슈바이처 박사는 "일반적으로 인간과 인간과의 관계 가운데는 우리가 알고 있는 것보다 훨씬 더 많은 신비가 숨겨져 있는 것은 아닐까? 비록 매일 함께 생활하고 있는 상대라 할지라도 진실로 그 사람을 알고 있다고는 그 누구도 말할 수 없다."라고 이야기했습니다. 상대를 다 안다고 착각하는 순간 우리는 사랑에 숨겨진 신비를 발견할 기회를 잃게 됩니다. 그러니 아마존 정글을 탐험하는 모험가처럼 그의 마음을 구석구석 여행해 보세요. 미지의 영역이 남겨진 신비한 존재로 서로를 바라볼 때 우리는 사랑을 더욱 다채롭게 색칠할 수 있게 됩니다.

정말 끝내고 싶을 때,
그것이 전환점은 아닌지 생각해 보라

어느 부부든 살다 보면 이제 그만 이 결혼 생활을 끝내고 싶은 순간이 옵니다. 만약 정신적·육체적으로 학대를 당하거나, 상대가 계속 바람을 피우거나, 극도의 갈등이 해결될 기미가 도저히 보이지 않는다면 그 사랑을 놓아주는 결단이 필요합니다. 그러나 단순히 사랑이 식은 것 같아서, 더는 존중받는 기분이 들지 않아서, 우발적인 다툼 때문에 헤어짐을 고민한다면 '이것이 끝이 아닌 전환점은 아닐까?' 하고 생각해 봐야 합니다.

마린은 실직 후 술만 마시는 남편과의 이혼을 고민하고 있었습니다. 이 문제를 해결하기 위해선 남편의 노력이 가장 중요한데, 남편은 상담조차 거부하던 상태였지요. 나는 마린에게 술 문제를 해결하지 않는 한 더 이상 함께할 수 없음을 명확하게 밝히는 게 좋겠다고 말했습니다. 그녀는 남편에게 이렇게 말했지요.
"이 말은 꼭 해야겠어. 당신이 술을 끊지 않으면 내가 집을 나갈 거야. 집을 나가 어디로 갈지, 무엇을 할지 지금은 막막하지만 어떻게든 살아갈 수 있을 테니까."

남편은 이튿날부터 술을 끊었고, 그 모습을 본 마린은 결혼을 유지하기로 했습니다. 이 사건이 전환점이 되어 그들은 10년째 만족스러운 결혼을 이어가고 있지요.

어떤 커플이라도 위기의 순간을 맞이합니다. 그러나 밝을 때가 있으면 어두울 때가 있듯이 좋을 때가 있으면 나쁠 때가 있습니다. 그리고 어두운 골짜기를 포기하지 않고 지나가야 할 때도 있는 법입니다. 만일 이 시기를 부부가 함께 손을 잡고 헤쳐 나간다면 훗날 커다란 정서적 만족감을 맛보게 될 거예요.

나를 갉아먹는 수렁과도 같은 결혼 생활을 끝내는 것이 용기 있는 선택이라면, 절대 쉽지만은 않은 결혼을 포기하지 않는 것도 용기 있는 선택입니다. 그러니 정말 끝내고 싶을 때는 이것이 전환점은 아닌지 곰곰이 살펴보시길 바랍니다.

심리학자 로버트 존슨은 "두 사람이 서로 사랑한다면 한동안은 구름 위를 걷게 되고 말 그대로 영원할 것 같은 행복에 잠기게 된다. 그러나 어느 날 이들이 땅으로 되돌아올 때는 현실적으로 서로를 바라봐야 한다. 이때부터 비로소 성숙한 사랑의 가능성이 열린다."라고 말했습니다. 성숙한 사랑은 완결된 목표도, 현재의 상태도 아닙니다. 시들지 않도록 끊임없이 관심을 기울이고 가꿔야 할 대상이자 과정입니다. 그렇게 온몸으로 사랑을 껴안을 때 우리는 오랜 상처를 치유하고 진정으로 자유로워집니다. 이것이 우리가 후회 없이 사랑하고 사랑받아야 할 진짜 이유입니다.

네 번째 날

인간 관계

이해할 수 없는 사람들과 더불어 살아가는 법

이 세상에 내 마음과 똑같은 사람들만 있으면 정말 좋을까?

이 세상 모든 사람을 만족시키려 하는 것은
미친 짓이다.
앞으로는 비난을 받든, 칭찬을 듣든,
누가 뭐라 말하건 말건 나는 내 생각에 따르겠다.

—라 퐁텐, 『우화』

당신이 아는 모든 사람을 만족시키려는 것은 미친 짓이다

몇 년 전, 우연히 크리스마스 파티에서 알게 된 부인의 집에 초대받았습니다. 요리가 취미라던 그녀의 말처럼 집에는 입이 떡 벌어질 만큼 훌륭한 저녁 식사가 우릴 기다리고 있었지요. 애피타이저부터 디저트까지 정말 맛있었습니다. 음식을 먹을 때마다 제 입에선 칭찬이 흘러나왔습니다. "정말 맛있어요! 이건 무엇으로 만드셨어요?" 집에 가서 꼭 만들어 보고 싶다는 제 이야기를 듣는 부인도 만족스러운 표정을 지어 보였습니다.

그로부터 한 달 후, 부인의 초대로 다시 그 집을 방문했습니다. 그날도 지난번 못지않은 산해진미가 차려져 있었지요. 하지만 두 번째 방문이기도 하고, 그날은 진지한 주제로 이야기를 나눴던 터라 음식에 큰 신경을 쓰지 못했습니다. 그렇게 식사를 마칠 때쯤 나는 부인의 표정이 싸늘하게 식어 있음을 발견했습니다. 마치 지난번과는 딴 사람인 것 같았어요. 누군가가 시켜서 억지로 요리를 한 것처럼 피곤해 보였고 우리가 얼른 돌아가 주기를 바라는 것 같았습니다.

그제야 나는 깨달았습니다. 그녀가 온갖 수고를 감수하고 요리를 한 데에는 '인정 욕구'가 숨어 있었다는 것을요. 그녀는 사람들로부터 "맛있다, 대단하다."라는 칭찬을 듣고 싶었던 거예요. 그래서 남들이 음식을 먹을 때마다 점점 더 센 감탄사를 연발하지 않으면 그녀는 자신의 노력을 물거품으로 여기고 실망감과 배신감을 느꼈던 것입니다.

남을 위해 어떤 일을 했을 때는 누구나 그에 상응하는 칭찬을 듣고 싶어 합니다. 누군가를 위해 따뜻한 요리를 할 때면 상대의 입에서 "맛있다!"라는 말을 듣고 싶고, 다른 사람을 위해 내가 가진 시간과 자원을 포기했을 때는 "고맙다."라는 인사를 받고 싶습니다. 그래서 상대방이 기대에 부응하는 반응을 하지 않으면 서운하고 섭섭한 마음이 듭니다. 칭찬을 듣고 싶고, 누군가에게 인정 받고 싶은 욕구가 강한 사람은 다른 꼬투리를 잡아 서운한 마음을 드러내거나 자기가 한 일을 명시적으로 보여 주며 은근히 고마운 마음을 강요하기도 합니다.

우리는 왜 타인의 인정과 칭찬에 매달리는가?

프랑스의 대표적인 정신 분석학자 자크 라캉은 남의 인정을 구하는 욕망을 '인정 욕망'이라고 말했습니다. 그리고 인정 욕망이야말로 인간이 갖는 욕망의 본질이라고 설명합니다. 다시 말해 칭찬이나 인정을 구하는 경우는 물론, 그 이외에 우리가 품는 욕망까지도 모두 인정 욕망이라는 것이지요.

라캉에 따르면 모든 아기는 엄마와 하나가 되고 싶은 욕구를 갖습니다. 그런데 엄마의 곁에는 언제나 아빠가 있습니다. 그래서 아기는 엄마가 사랑하는 아빠가 되고 싶다는 욕망과 함께 엄마가 원하는 그 무엇이 되고 싶어 합니다. 즉 엄마의 욕망 대상이 되고 싶어 하는 것이지요. 엄마가 방긋방긋 웃는 모습을 좋아하면 그렇게 웃으려고 하고, 우유를 잘 먹는 모습을 좋아하면 우유를 잘 먹으려고 합니다. 이처럼 엄마가 바라는 것은 곧 내가 바라는 것이니, 엄마의 욕망은 쉽게 내 욕망이 됩니다. '엄마는 내가 공부를 잘하면 좋아할 거야'가 '나는 공부를 잘해서 좋은 대학에 가고 싶어'가 되는 거지요. '엄마는 돈을 좋아해'가 '나는 좋은 회사에 취직해서 돈을 많이 벌고 싶어'로 슬쩍 바뀌게 되기도 합니다.

더 나아가 엄마에게 인정 받고 싶은 욕망은 사회의 인정을 바라는 욕망으로 확장됩니다. 사회가 욕망하는 돈, 성공, 명예, 존경 등을 마치 내가 원래 욕망했던 것처럼 받아들이는 것입니다. 즉 인정 욕망이 타자의 욕망을 나의 것으로 만들어 버리는 셈이지요. 라캉은 무의식에 숨은 깊은 욕망까지도 순전히 나의 것이 아닌 타자로부터 온다고 하여 "무의식은 타자의 욕망"이라는 말을 남겼습니다.

최면 상태에서 강한 암시를 걸면 최면에 걸렸던 사람은 깨고 난 후에 암시대로 행동합니다. 예를 들어 "최면에서 깨어나면 라디오를 켭니다."라고 암시를 주면, 그 사람은 최면에서 깨어나자마자 라디오를 켭니다. 이때 왜 라디오를 켰냐고 물어보면 어떻게 대답할까요? 기억이 나지 않는다고 대답할까요? 놀랍게도 그들은 "음악이 듣고 싶어서요.", "좀 답답해서요." 등 여러 가지 이유를 말합니다. 실제로 그가 라디오를 켠 이유는 암시 때문인데도 말이지요. 그가 말한 이유는 모두 행동에 대한 자기 합리화에 불과하지요. 라캉이 말하는 인정 욕망도 이와 비슷합니다. 내가 무언가를 원할 때, 당연히 그 욕망이 나의 욕망이라고 생각하지만 실은 타인들과 세상이 바라는 것에 불과합니다. 자신의 인생을 위해서 살아왔다고 생각하지만 실은 사람들의 기대와 인정에 부응하기 위해 애쓴 삶일지도 모른다는 말입니다.

라캉의 말이 사실인지는 모르겠습니다. 그런데 심리 치료사로서 여러 사람을 만나 온 결과 타인의 욕망을 자기 것으로 착각하며 사는 사람들이 꽤 많다는 것만은 확실합니다.

메이는 박사 과정을 밟기 위해 파리에 온 중국인 유학생입니다. 그녀는 학업 스트레스에 시달리다 못해 심리학 카페를 찾았습니다. 메이는 입시 지옥으로 통하는 중국에서도 명문대를 졸업한 수재였고, 박사 학위를 따서 고국에 돌아가 교수가 되는 것이 목표였습니다. 그런데 1년 전부터 불안감이 심해져 공부에 집중하지 못했고, 몸도 아프기 시작했습니다. 외동딸인 그녀가 고생하는 모습을 보다 못한 부모님이 공부는 그만하고 중국으로 돌아와 취직하는 게 어떠냐고 해도 그녀는 고집을 꺾지 않았습니다. 보란 듯이 학위를 따서 돌아가는 것이야말로 사람들을 실망시키지 않는 유일한 길이라고 생각했기 때문입니다. 그도 그럴 것이 메이는 단 한 번도 실패해 보지 않은 채 엘리트 코스를 밟아 왔고, 모두가 그녀를 교숫감으로 점찍었습니다. 메이는 그 기대를 저버리는 것이 두려워 아픈 와중에도 책을 놓지 못했고, 지금 하는 공부가 진정으로 자신이 원하는 것인지 돌아볼 엄두를 내지 못했습니다.

나는 메이의 이야기가 남 일 같지 않았습니다. 저도 사람들의 칭찬 때문에 힘들어도 힘들다고 말하지 못한 시간이 있었거든요. 서른두 살 늦은 나이로 대학교에 입학했을 때 사람들은 나에게 이렇게 말했습니다.

"넌 참 대단해. 누가 뭐래도 흔들리지 않고 결국 네가 목표한 걸 이루잖아."

남편과의 사별 등 인생의 여러 아픔을 극복하고 새로운 출발을 시작하는 나에 대한 칭찬이었습니다.

그런데 오히려 칭찬이 나를 억눌렀습니다. 강한 나를 증명해 보이지 않으면 안 될 것 같았지요. 그래서 공부가 힘들어도 솔직하게 말하지 못하고, 남에게 도움을 청하는 법도 잊고 살았습니다. 그렇게 타인의 기대에 부응하기 위해 나 자신을 채찍질하다 보니 어느새 저는 모든 기력이 소진된 듯 멍한 상태에 이르고야 말았지요. 그제야 이렇게 살아선 안 되겠다는 생각이 들었습니다. 달콤한 칭찬 한마디를 듣기 위해 쉼 없이 달려가는 인생은 제가 원하던 게 아니었으니까요.

고래도 춤추게 한다는 칭찬이 무조건 좋은 것만은 아닙니다. 오히려 칭찬은 상대에게 엄청난 부담감을 안겨 주기도 합니다. 칭찬을 들은 사람은 혹시라도 상대의 기대에 못 미칠까 봐 어떤 수를 쓰더라도 그를 실망시키지 않기 위해 노력합니다. 이때 칭찬은 판단이자 통제 수단이 됩니다. 그럴 의도가 아니었다고 해도 칭찬을 통해 자신의 기대를 상대에게 강요하게 되기도 하니까요.

하고 싶은 일을 하라, 그리고 그런 나를 응원해 주라

누구나 살면서 한 번쯤 이런 생각을 해 봤을 겁니다.

'내가 왜 이렇게 살아야 하지?', '이게 그렇게 중요한 걸까?'

살다가 이런 질문이 떠오를 때면 이를 그냥 넘기지 말고 가만히 생각해 봅시다. 진짜 내가 원하는 삶인지 아니면 사람들이 기대하는 삶을 살고 있는 건 아닌지 말이지요. 어쩌면 다른 사람들의 인정과 칭찬을 얻기 위해 자신의 삶을 너무 많이 희생해 왔다는 것을 깨달을 수 있을 거예요. 만약 그렇다면 지금 이 순간이 진짜 자신의 모습을 찾고 내 인생의 주도권을 되찾기 위한 전환점이 될 것입니다.

그렇다면 내가 진정으로 원하는 건 뭘까요? 내 인생에서 가장 중요한 것이 무엇인지 생각해 봅시다. 안타깝게도 그 대답이 쉽게 얻어지진 않을 거예요. 자기 자신을 정확히 아는 일에는 훈련이 필요하거든요. 특정 순간에 느껴지는 솔직한 감정을 들여다보고, 내향성과 외향성 같은 기본적인 성향에 대해서도 알아 봐야 합니다. 이런 훈련이 쌓이다 보면 자기 성격의 장단점을 이해하게 되고, 나만의 독특한 개성이 있다는 사실을 느끼게 됩니다. 더 나아가 그 무엇과도 바꿀 수 없는 자기만의 신념을 발견하게 될 거예요.

나에 대해 많은 것을 알면 알수록 우리는 타협할 수 없는 삶의 기본 원칙을 세울 수 있습니다. 그리고 이런 원칙이 있는 사람들은 다른 사람들의 인정과 칭찬에 쉽게 흔들리지 않습니다. 마치 척추가 우리 몸을 지탱해 주고 있듯이, 단단한 원칙이 삶을 지탱해 주기 때문입니다. 물질적인 성공보다 내적인 평화가 더 소중한 데보라는 주말에는 일하지 않는다는 원칙을 세웠습니다. 그녀는 회사에서 인정받지 못할지라도 주말의 평화를 포기할 생각이 없었습니다. 평등, 존중, 관용 같은 가치를 중시하는 프랑수아즈는 이를 존중하지 않는 사람들과는 친밀한 관계를 맺지 않겠다는 원칙이 있었지요. 그 대상이 부모나 형제라도 마찬가지입니다.

당신이 진짜 원하는 일을 하겠다고 나서면 사람들은 당신을 비난할지도 모릅니다. 또 인정과 칭찬을 잃는 일이 마치 내 존재 가치를 잃는 것처럼 큰 위협으로 다가오기도 합니다. 그러나 당신은 기억해야 합니다. 누군가가 원하는 일을 했을 때만 주어지는 칭찬은 진정한 칭찬이 아니라는 사실을요. 앞서 말했듯 그건 통제 수단에 불과합니다. 진정한 칭찬은 당신의 존재 가치를 인정해 주고, 더욱 눈부신 앞을 향해 나아가게끔 북돋아 주는 응원입니다. 진정한 칭찬은 고래를 편안한 동물원에 가두기 위한 보상이 아니라 넓고 푸른 바다에서 마음껏 헤엄치게 하는 격려입니다.

그러니 다른 사람의 인정이나 칭찬에 너무 매달리지 마세요. 그저 하고 싶은 일을 하면서 앞으로 나아가세요. 흔들리겠지만 그럴 땐 내가 나를 칭찬해 주면 됩니다. 나를 아끼고 사랑하는 마음으로 스스로 자신의 삶을 이끌어 가고 있다는 느낌이야말로 삶이 우리에게 주는 진정한 기쁨이니까요.

거절을 잘할수록 인간관계도 좋아지는 이유

어느 날 속상한 일을 당하고 집에 돌아온 저는 방 한구석으로 들어가 엉엉 울었습니다. 그때 다섯 살이던 둘째 아이가 제 곁으로 다가오더니 저를 따라 눈물을 흘리며 이렇게 말했습니다.

"엄마, 왜 울어? 나 때문에 그래? 울지마, 내가 앞으로 착하게 굴게요."

엄마가 세상의 전부인 다섯 살 아이는 엄마의 눈물을 자기 탓으로 돌렸던 것입니다. 그때 문득 부모님의 심기가 불편한 것 같은 날이면 잘못한 게 없는데도 괜히 눈치를 살피던 제 모습이 떠올랐습니다. 방에 들어가 나오지 못할 정도로 불안했던 기억을 고스란히 아이에게 물려준 것 같아 아이에게 너무도 미안했습니다. 저는 아이를 꼭 껴안고 아이에게 이렇게 말해 주었습니다.

"네 잘못이 아니야. 그냥 엄마한테 오늘 조금 안 좋은 일이 있었거든."

나는 왜 부탁을 거절하지 못하는 걸까?

아이에게 엄마는 전지전능한 존재입니다. 신이나 마찬가지인 존재이지요. 그래서 아이는 본능적으로 엄마의 마음에 들기 위해 애를 씁니다. 그런데 엄마는 암암리에 아기에게 '착한 아이'가 될 것을 요구합니다. "자, 한 입만 더 먹자, 착하지?", "안 돼, 자꾸 울면 못된 아이야."라면서 아이를 어르고 달래는 동안, 아이는 착하지 않으면 안 된다는 은근한 협박에 시달리는 셈이지요.

물론 부모의 의도가 그렇지 않다는 사실은 잘 알고 있습니다. 부모의 요구가 애정을 담고 있다면, 아이는 그것을 협박이라고 느끼지 않을 겁니다. 그러나 요구의 정도가 지나칠 경우, 아이는 자기 욕구를 억누르면서까지 부모가 원하는 대로 행동하려고 애쓰게 됩니다. 그렇지 않으면 부모에게 거부당할까 봐 두렵기 때문이에요. 공부를 잘해야 하고, 심부름을 잘하고, 동생을 잘 돌보는 등 부모가 내세우는 조건을 충족시켜야만 사랑받는다고 생각하며 자란 아이는 어른이 되어서도 다른 사람의 부탁을 쉽게 거절하지 못합니다.

마르크가 바로 그런 경우였습니다. 그는 다른 사람의 부탁을 거절하는 법이 없었습니다. 회사에서 이미 '예스맨'으로 유명했던 그는 일을 도와달라고 부탁하는 동료들 때문에 제때 퇴근하는 날이 손에 꼽을 정도였지요. 마감 시간이 다가오면 동료들은 마르크의 행동에 촉각을 곤두세웁니다. 그리고 그가 맡은 일을 끝내면 곧바로 구원의 요청을 보냅니다. "마르크, 제발. 내 일도 도와줘." 그러면 그는 일찍 퇴근해야 하는 날조차도 슈퍼맨이 되어 동료들의 일을 도와줍니다. 몸은 천근만근이지만 "정말 대단해, 마르크. 자네가 없었으면 큰일 날 뻔했어!"라는 동료들의 칭찬을 들으면 마음이 편안해지곤 했습니다. 그런데 갈수록 동료들의 요구가 지나치다는 생각이 들었습니다.

"어느 날은 제게 일을 맡기고 퇴근해 버릴 때도 있었어요. 또 어느 날은 일을 해 주어도 고맙다는 인사도 제대로 하지 않았지요. 마치 제가 일을 도와주는 게 당연하다는 듯 말이에요. 저도 제 자신이 답답해요. 가끔은 안 된다고 거절해야 한다는 걸 아는데 그러지 못하니 말이에요."

마르크는 아내에게조차 거절의 의사를 똑똑히 밝히지 못해 문제를 겪고 있었습니다. 그는 한 해의 마지막 날을 가족들과 함께 조용히 보내고 싶지만, 아내는 매년 친정 식구들이나 친구들을 초대했습니다. 손님 없이 단출히 연말을 보내고 싶다는 마르크의 이야기를 아내는 조금도 진지하게 듣지 않는 듯했습니다.

마르크가 심리학 카페를 찾은 날도 마찬가지였습니다. 자신을 함부로 대하는 사람들 때문에 힘들다고 말하면서도 그는 다른 참가자들의 눈치를 살폈습니다. 누군가 불편해하는 듯하면 먼저 일어나 자리를 바꿔 주었고, 누군가 물이 필요하다고 하면 대신 가져다주었습니다.

이제는 참지 말고 당당하게 거절하라

일을 떠맡기고 퇴근해 버리거나 고마움을 모르는 사람들도 나쁜 사람들이지만 마르크에게도 분명 문제가 있습니다. 다른 사람들이 자신을 함부로 대하도록 허락하고 있었기 때문입니다. 그는 거절의 말을 하지 못했습니다. "아니요." 이 한마디가 이렇게 어려운 일이라니요. 거절하는 순간 자신에 대한 상대의 호감이 떨어지고 말 거라는 두려움 때문이었습니다. 그러나 거절은 인간관계에서 매우 중요한 덕목입니다. 어린아이의 "싫어!"라는 거부의 말은 엄마의 생각과는 다른, 자기만의 의지가 있다는 뜻입니다. 즉 엄마의 부속품이 아닌 하나의 독립적인 개체임을 주장하는 말인 셈입니다. 그러니까 아이가 "싫어, 안 해!"라는 말을 하며 속을 긁어 놓을지라도, 그 말은 상대에게 나의 독립성과 중요성을 확인시키는 소통의 말이라는 사실을 기억하도록 합시다.

어른들의 거절도 마찬가지입니다. 거절은 내 의사를 드러내는 일입니다. 그런데 매번 제대로 거절하지 않으면 사람들은 당신의 진심을 눈치챌 수도 없고, 당신을 줏대 없는 사람으로 볼 겁니다. 그리고 바로 자기 관점에서 생각해 버리겠지요. 거절의 말을 못 하는 것은 타인에게 말랑말랑한 반죽 덩어리를 주는 것과 마찬가지입니다. 그 반죽 덩어리는 바로 당신 자신이고요. 그걸 받아 든 사람은 자기 마음대로 형태를 잡아갈 것입니다.

그 결과 사람들은 거절하지 못하는 사람에게 점점 더 많은 걸 요구하고 이를 당연하게 생각합니다. 착하다고 칭찬하면서 은근히 그의 뜻을 무시하고 계속 자기 의도대로 행동하게 하며, 점점 그것을 고마워하지 않게 되고 나중에는 당연히 자신을 따라야 한다고 여깁니다. 또한 거절하지 못하는 사람은 자신의 목소리를 내는 일이 없고 원하는 바를 포기하곤 하기에 점점 자신감을 잃고 심한 경우 삶의 의욕을 잃어버리기도 합니다.

거절하지 않는다고 그 사람의 인간관계가 좋아지는 것도 아닙니다. 타인과 진정한 접촉을 원한다면 물렁물렁한 반죽 덩어리가 아닌 확실하고 단단한 자아를 가져야 합니다. 그런데 그 어떤 부탁도 거절하지 않는다는 것은 스스로 자기 존재를 지워 버리는 것과 마찬가지이지요. 그런 상태로 어떻게 타인과 진정한 교류를 할 수 있겠습니까.

인간관계가 더욱 돈독해지는 거절의 기술

물론 거절의 말을 듣는다는 건 누구에게나 유쾌한 일은 아닐 겁니다. 때론 거부당했다는 아픔 때문에 상대방을 미워하기도 합니다. 하지만 잊지 말아야 할 사실이 있습니다. 대부분의 거절은 구체적인 제안이나 행동에 동의하지 않는다는 뜻이지, 그 사람 자체를 거부하는 것은 결코 아니라는 겁니다. 점심을 같이 먹자는 친구의 제안을 거절하는 것은 그날 시간이 맞지 않을 뿐이지 친구가 싫다는 뜻이 아닙니다. 쇼핑을 같이 가자는 아내의 말을 거부한 것은 단순히 쇼핑을 좋아하지 않기 때문이지 아내가 싫은 것이 아닙니다. 이처럼 거절의 의미를 확대해석하지 않도록 우리는 부단히 노력해야 합니다.

또한 거절하는 사람은 신중하게 할 필요가 있습니다. 무턱대고 아무 이유 없이 "싫어요."라고 잘라 말한다면 상대가 자신의 존재를 거부당했다고 생각하고 상처 입거나 불쾌감을 느낄 수도 있으니까요. 예를 들어 친구로부터 돈을 빌려 달라는 부탁을 받았다고 해 봅시다. 친구의 사정을 다 듣기도 전에 안 된다고 말한다면 친구는 자존심이 무너지는 느낌을 받을 것입니다. 그보다는 "어려운 부탁을 하는 네 상황은 이해하지만, 친구 사이에 돈 문제는 안 만드는 게 좋다고 생각해. 너는 내게 잃고 싶지 않은 소중한 친구야. 내 입장도 조금 이해해 줄래?"라고 말한다면 상대의 자존심을 지키면서 무리한 제안은 거절할 수 있습니다. 사실 올바른 거절의 기술은 인간관계가 더욱 돈독해지는 비법이기도 합니다.

사람들은 소신 있게 거절할 수 있는 사람을 존중합니다. 그들이 제안을 받아들였다면 주도적으로 선택해 내린 결론이기 때문에 그 말은 믿을 만하다는 거지요. 그러나 거절할 줄 모르는 예스맨들의 긍정은 그렇지 않습니다. 억지로 마지못해 허락한 게 아닌가 하는 의구심이 마음 한편에 찜찜함을 주기 때문입니다. 그러므로 거절할 줄 아는 능력은 자신을 지키는 동시에 상대를 배려하는 일입니다. 원치 않는 부탁을 들어 주는 상대를 보며 즐거운 마음을 가질 사람은 거의 없습니다.

그러니 분별 있게 거절하는 것을 두려워하지 마세요. 자신의 경계와 한계를 분명히 하고 이를 존중해 달라고 말하기를 주저하지 마세요. 장담하건대, 당신이 거절한다고 해서 상대가 당신을 싫어하는 일은 없을 거예요. 억지로 하는 일을 줄이고 소중한 시간과 에너지를 빼앗기지 않으면서, 진정으로 하고 싶은 일에 웃으며 부탁을 들어 주는 것. 그처럼 진심으로 서로에게 힘이 되어 주고 서로를 고마워하는 것이야말로 우리가 바라는 인간관계가 아닐까요?

이해할 수 없는 사람들과 더불어 살아가는 법

쥘리에트는 오늘도 전화를 자주 하지 않는 남자 친구 때문에 화가 났습니다. 출장을 가면 당연히 도착하자마자 전화를 바로 해야 하는 것이 아니냐고 따지는 그녀는 억울한 마음이 들자 갑자기 섭섭한 일들을 봇물 터지듯 쏟아냈습니다.

"제 친구도 그래요. 제가 남자 친구 때문에 힘들어하는 걸 뻔히 알면서 신나게 자기 연애 얘기만 늘어놓는 거 있지요. 난 안 그랬는데! 직장 상사는 또 어떻고요. 힘들어서 밥도 잘 못 넘기고 있는데 더 챙겨 주진 못할망정 기획안을 제때 제출할 수 있겠느냐냐고 묻는 거예요. 어떻게 그럴 수가 있어요?"

쥘리에트는 생각할수록 분노가 치밀어 올랐습니다. 도대체 이 사람들은 왜 이러는 걸까요?

내 맘 같지 않은 사람들 때문에 화가 난다면

상담소와 심리학 카페에서 여러 사람을 만나다 보면 자주 듣는 말이 있습니다. “왜 그러는지 도저히 이해가 안 돼요. 나는 안 그러는데…….”

세상에는 내 마음 같지 않은 행동을 하는 사람들이 너무나도 많지요. 굳이 말을 안 해도 서로 마음이 통하고, 원하는 것을 척척 알아서 해 주는 사람이 있으면 얼마나 좋을까요. 그래서 우리는 연인, 배우자, 부모처럼 가까운 관계일수록 이런 역할을 해 주기를 기대합니다. 내 마음을 먼저 알아주고 챙겨 주는 걸 자꾸만 바라게 되는 거예요. 그리고 상대가 그 기대를 충족시켜 주지 못하면 크게 실망하고 상처 받게 됩니다.

하지만 세상에 ‘나’ 말고 나 같은 사람이 또 어디에 있을까요? 아무리 사랑하는 사이라고 할지라도 우리는 모두 각기 다른 사연과 욕구를 지닌 독특한 존재입니다. 그러므로 말하지 않아도 내 마음을 알아주길 바라는 기대는 대부분 오해와 실망이라는 안 좋은 결말을 맺게 됩니다.

쥘리에트는 좋아하는 사람에게 전화를 자주 거는 성격이었습니다. 그래서 사람들이 누군가를 좋아하게 되면 자연스레 상대에게 전화를 많이 한다고 생각했지요. 그래서 남자 친구가 전화를 자주 하지 않는 건 자신을 사랑하지 않는 증거라고 여겼습니다. 하지만 그녀의 남자 친구가 전화를 자주 하지 않는 데에는 여러 가지 이유가 있을 것입니다. 사람들은 저마다 어린 시절의 환경과 경험이 다르기에 어떤 성장 과정을 거치고 이를 어떤 식으로 받아들였느냐에 따라 상황에 대한 반응도 각기 다릅니다. 예를 들어 어린 시절부터 부모님이 전화 통화를 엿듣고 간섭해 왔다면 전화로 소통하는 일에 대해 강한 거부감을 가질 수 있지요. 뿐만 아니라 무언가 이야기를 할 때마다 부모님이 조용히 하라고 혼을 내는 집안이었다면 말로 자신을 표현하는 데 어려움을 겪게 될 수도 있습니다. 그러나 쥘리에트는 남자 친구의 사정을 알아보는 데에는 별로 관심이 없었습니다. 그녀는 사랑하는 사람이라면 당연히 자기와 똑같은 마음이어야 한다고 여겼지요. 결국 쥘리에트는 남자 친구의 진심은 뒷전으로 둔 채 홀로 상처 받고 있었던 겁니다.

안타깝게도 우리는 대부분 그녀와 같은 문제를 겪고 있습니다. 많은 사람들이 가까운 사람일수록 내 마음 같기를 바라는 기대를 쉽게 내려놓지 못하거든요. 자기의 모든 것을 이해해 주고 다독여 주기를 바라는 마음 때문입니다. 마치 아기였던 나를 보살펴 주던 엄마가 그러했던 것처럼 말이지요. 엄마는 내가 웃으면 함께 웃었고, 내가 아프면 함께 아파했으며, 내가 울면 부리

나케 달려와 주는 존재였습니다. 그리고 우리의 무의식은 서로 사랑한다면 그때처럼 완벽하게 일치되기를 바랍니다. 그래서 가까운 관계일수록 별것 아닌 일로 화를 내고 상처를 받습니다. 사랑하는 사람이 나와 다르다는 사실을 받아들이지 못하는 것입니다.

이 세상에 내 마음과 똑같은 사람들만 있으면 정말 좋을까?

하지만 나에게 모든 것을 맞춰주는 존재는 이제 없습니다. 우리는 서로의 기대를 온전히 채워 줄 수 없고, 그저 각자의 방식대로 사랑할 뿐입니다. 그런데도 내 방식대로 사랑을 달라는 것은 일방적인 기대에 불과합니다. 상대가 줄 수 없는 걸 요구하는 것은 사랑이 아닙니다. 이 사실을 인정해야만 우리는 헛된 기대로 사랑을 포기하는 불상사를 막을 수 있습니다.

대학에 들어간 이듬해 둘째 아들이 태어났습니다. 그때 저는 말 그대로 몸이 열 개라도 모자란 삶을 살고 있었습니다. 낮엔 학교 수업을 듣느라 정신없고, 밤새 아이를 돌보느라 언제나 수면 부족에 시달렸습니다. 어머니는 힘든 저를 대신해 집안일을 봐주시곤 했습니다. 집 안을 깔끔히 청소해 주셨고 아이들이 다시 어지르지 못하도록 하셨습니다. 하지만 그 당시 제게 필요했던 일은 청소가 아니었습니다. 학교 수업이 끝난 첫째 아이를 데려오는 일, 아이들을 위한 간단한 간식을 만들어 주는 일, 아이들과 공원을 산책하는 일이 더 간절했지요. 하지만 제 눈에는 어머니는 청소에만 몰두하시는 듯했고, 몇 번이고 다른 일을 좀 부탁드린다고 말해도 소용없었습니다.

같은 이유로 여러 번 다툰 후에야 저는 깨달았습니다. 청소는 어머니 나름대로 손자를 사랑하는 방식이었다는 사실을 말이지요. 그리고 어머니가 해 줄 수 있는 것이 그것밖에 없었다는 것도 알게 되었습니다. 그러고 나니 어머니께 진심으로 고마운 마음이 들었습니다. 제 기대와는 달랐지만, 최선을 다해 어머니가 표현해 주신 사랑을 끝내 몰랐다면 어땠을지 가슴이 철렁했습니다. 끝까지 제 생각만 강요했다면 어머니의 소중한 사랑을 잃었을지도 모르는 일입니다. 오로지 내 좁은 세계 속에서 어머니를 멋대로 판단하여 실망하고 상처를 주었을 테니까요.

이 세상에 내 마음과 똑같은 사람들만 있으면 정말 좋을까요? 그렇다면 나의 정체성도 발견할 수 없을 것입니다. 내 안의 모순을 발견하고 고쳐 나갈 수도 없었을 테지요. 또 모든 게 예측 가능한 지루한 세상이 되었을 겁니다. 언제나 같은 이야기, 같은 느낌을 나눌 수밖에 없고 그 안에서 만족해야 합니다. 이 세상은 각기 다른 개성을 가진 사람들이 모여 여러 가지 경험과 감정을 나누며 다채롭게 흘러갑니다. 나와 다른 독특한 개성을 가진 사람들이 곁에 있어서 우리는 지금까지 몰랐던 새로운 세상을 하나하나 발견해 나가는 기쁨을 누리는 것이지요. 내 사랑의 방식과 타인의 방식을 이해하고 받아들이면서, 그렇게 타인의 세상을 열린 마음으로 수용하게 되면 더불어 내 세상도 조금씩 넓어집니다. 이처럼 서로 다른 영혼이 만나서 각자의 사연에 귀 기울이며 새로운 역사를 써 나가는 것, 이것이야말로 세상을 아름답게 만드는 마법 아닐까요?

너와 내가 서로 마음을 나눈다는 것

세상에는 이해할 수 없고 이해하고 싶지도 않은 사람들이 많지만 우리는 소통하는 노력을 결코 포기해서는 안 됩니다. 말하지 않아도 내 마음을 알아주길 바라지 마세요. 그런 위험한 기대는 나와 타인을 모두 힘들게 할 뿐입니다. 말하지 않으면 모르니까요. 내 감정과 원하는 바를 분명하게 전하고, 또 상대의 이야기에는 귀 기울여 봅시다. 상대의 관점에서 사물을 바라보고 생각하고 그의 입장이 되어 보려고 노력해야 합니다. 그럴 때에만 우리는 나와 많은 것이 다르지만 한편으론 비슷한 상대방을 이해할 수 있습니다. 그렇게 다양성을 인정하고 서로의 차이를 즐기면서 건강한 관계를 만들어 나가는 것입니다.

때로는 소통하려고 노력해 봐도 상대의 방어벽에 가로막혀 관계가 단절되어 버릴 수도 있습니다. 그럴 때는 몸도 마음도 상당히 힘들겠지요. 하지만 그렇다고 고립과 외로움을 선택해서는 안 됩니다. 혼자 있는 편이 마음은 편할지 모르겠지만 세상과 부딪치고 더 넓은 세계를 경험해 나가면서 우리는 한 뼘 더 성장하는 기쁨을 얻을 수 있으니까요. 비록 아프고 상처 받을지언정 살아있는 동안 이 기쁨은 결코 포기하지 못할 즐거움이기도 합니다. 그래서 시인 로오드는 이런 말을 남겼습니다.

"나에게 정말 중요한 것이 있다면 그건 반드시 말로 표현해야 한다. 상처 받아 멍들고 오해받을 위험을 감수하더라도 우리는 서로 나눠야 한다."

자기밖에 모르는 나르시시스트로부터 나를 지켜내는 법

그렇지만 분명 곁에 있는 것보다 적당히 거리를 둬야 하는 위험한 부류의 사람들도 있습니다. 그리스 신화에 등장하는 '나르키소스'에 대해 들어 본 적이 있으신가요? 나르키소스를 보는 사람들은 모두 그와 사랑에 빠질 만큼 그는 잘생긴 청년이었습니다. 그러나 나르키소스는 누구와도 사랑을 느끼지 못했지요. 오히려 다가오는 사랑을 매몰차게 박대했습니다. 그의 애정을 갈구하다가 결국 실패한 요정들은 그에게 복수하는 심정에 복수의 여신 네메시스에게 간절히 기도했습니다. 그에게도 사랑이 무엇인지 알게 하고, 사랑의 보답을 받지 못하는 일이 얼마나 비참한 일인지를 깨닫게 해 달라고 말이지요.

어느 날 사냥에 지친 나르키소스는 샘터로 와 물을 마시려고 몸을 구부렸습니다. 그런데 그 순간 수면에 비친 자신의 모습이 너무나도 아름답게 느껴졌지요. 빛나는 눈, 아폴론과 같은 머리카락, 동글동글한 뺨, 상아 같은 흰 목, 붉은 입술……. 그는 그렇게 자기 자신과 사랑에 빠졌습니다. 나르키소스는 수면에 비친 자신을 껴안고자 손을 뻗었지만 수면 위의 잔상은 곧바로 흩어질 뿐이었습니다.

"숲이여, 나보다 더 아프게 사랑하는 자를 본 적이 있는가. 내가 사랑하는 자는 여기에 있다. 그러나 아무리 손을 내밀어도 끝내 닿지 못하는구나."

나르키소스는 먹고 자는 일도 잊은 채 샘터를 방황하며 수면에 비친 제 모습만 바라보다가 결국 죽음에 이르렀습니다. 요정들의 간절한 기도가 이뤄진 것이었지요.

끊임없이 자기 자신을 포장하는 사람들

프로이트는 이 신화와 연관 지어, 자기 육체나 자아 혹은 자기의 정신적 특징에 온 관심을 쏟는 상태를 '나르시시즘Narcissism'이라고 명명했습니다. 우리는 모두 자기 자신을 사랑해야 하는데 뭐가 문제냐고요? 사실 대부분의 사람들은 일종의 나르시시스트입니다. 근거 없이 자신이 착하고, 옳고, 정당하다고 느끼고,

뭐든 할 수 있다는 전능감을 가지고 있으니까요. 어쩌면 인간의 보편적인 특징이라고 말할 수 있겠네요. 그렇다고 해서 마냥 잘났다고 느끼기만 하는 건 아닙니다. 선하면서도 악하고, 정의로우면서도 비겁하고, 이기적이면서도 이타적인 면이 있음을 인정하고, 이루고 싶은 꿈과 이룰 수 없는 현실의 괴리감도 인정하고 받아들입니다. 이처럼 현실에 기반을 두고 자신을 사랑한다면 그것은 건강한 나르시시즘입니다.

그러나 어떤 사람들은 자기 자신을 객관적으로 파악하지 못합니다. 심지어 없어도 있는 듯 못하는 것도 잘하는 척 자신을 포장하지요. 그들은 실체가 없는 거품, 물 위에 비친 자기 환영을 유지하기 위해 온갖 노력을 기울입니다. 현실에서는 이뤄낸 것이 하나 없어도 자신을 무척이나 대단한 사람으로 평가하고 스스로를 굉장히 중요한 사람이라고 생각합니다. 또한 다른 사람의 감정이나 기분 따위는 관심이 없고 순전히 자기 관심사에 따라서 행동합니다. 피할 수 없는 자신의 단점과 직면했을 때 고개를 숙이기는커녕 수치심을 다른 사람에게 전가하기도 하지요.

건강하지 못한 나르시시스트들의 특징을 구체적으로 나열하면 다음과 같습니다. 첫째, 자신이 전능하고 위대하다는 환상에 빠져 있습니다. 그들은 자신의 재능은 비범하고, 사랑하는 사람은 영웅이며, 친구들은 매우 특별한 사람이라는 동화 속에서 살아갑니다. 환상을 파괴할 위험 요소는 간단히 무시해 버리지요. 때론 교묘히 타인을 이용하여 자기 환상을 유지합니다. 특별한 누군가를 선택해 아첨하고 헌신하여 그를 대단한 사람으로 만들고, 그와 자신을 동일시하며 자기 역시 비범해지기를 바라곤 합니다. 그러다 그의 특별함이 사라지면 매몰차게 멀어져 버립니다.

둘째, 대장 행세를 하면서 타인을 심판하려는 등 권력에 집착합니다. 그들은 누구보다 자신이 우월해야 하기 때문에 오로지 이길 수 있는 싸움에만 뛰어들고, 누군가 자기보다 잘났다고 생각되면 그 즉시 그를 깔아뭉개서 우쭐한 기분을 되찾습니다. 그러나 그 우월감은 언제든 터질 수 있는 약한 풍선과 같아서 지속적으로 이를 강화해 줘야 합니다. 권력을 가져서 멋대로 타인을 깎아내리거나 타인의 찬사를 갈구하는 것입니다. 셋째, 뻔뻔합니다. 나르시시스트는 자신이 못났다고 느끼는 데서 수치심이 온다는 사실을 인정하지 않습니다. 그래서 수치심이 들 때마다 이를 경험하지 않으려는 수단을 만들어 내지요. '결코 내 잘못이 아니다'라고 여기는 것이지요. 겉으로는 뻔뻔하고 냉정하고 무관심하고 도덕관념이 없는 것으로 보이지만, 실은 자신의 수치심을 가두기 위해 애쓰고 있는 것입니다. 마지막으로 그들은 이기적입니다. 자기가 세상의 중심이라는 환상 속에서 살고자 하는 나르시시스트들에게 타인은 자신에게 동의하고 순종하고 위안을 주기 위한 존재일 뿐입니다. 그들은 타인의 생각이나 감정에는 관심이 없습니다. 오로지 타인이 자신의 우월함을 비추는 거울이 되어 주기를 기대할 뿐입니다.

자기밖에 모르는 나르시시스트로부터 나를 지키는 법

나르시시스트 주변에 있는 사람들은 인생이 괴롭습니다. 더욱 큰 문제는 나르시시스트들은 자신의 문제를 결코 자각하지 못한다는 점입니다. 그들은 거짓으로 꾸며낸 자신의 이상적인 모습이 깨어질 때마다 순간순간 드러나는 자신의 수치심을 감추기 위해 교묘한 장치들을 만들어 냅니다. 또한 자신을 돌아보고 반성하는 능력이 떨어지기에, 고통스러운 일이 있을 때마다 오히려 타인을 원망하고 자신에게 문제가 있다는 생각은 하지 못합니다. 그러니 정신과 의사나 심리 상담가를 찾아오는 일도 없습니다. 그러니 뻔뻔하고 오만하고 제멋대로 행동하는 나르시시스트 때문에 분통이 터진다면 우리 스스로 이들에게 대응하는 힘을 기르는 수밖에 없습니다.

나르시시스트 부모에게서 자란 사람들은 나르시시스트에게

특히 취약합니다. 마르조르의 어머니는 멋대로 행동하고 무엇이든 요구하는 사람이었습니다. 심리학 카페를 찾아온 마르조르는 어머니가 아무 때나 방문을 열고, 일기장을 들여다보고, 자기 마음에 드는 옷만 입히는 등 어릴 때부터 마르조르의 의견을 조금도 중시하지 않았다고 말했습니다. 그녀가 회사에 들어간 후에는 은근히 집세를 내 주기를 바라고, 여동생의 학비를 보태야 한다고 압박하고, 심지어 은퇴 후에는 마르조르의 신용 카드를 무분별하게 긁어서 그녀의 신용 상태를 엉망으로 만들어 놓고 말았습니다.

딸의 감정을 배려하지 않고 착취하는 어머니 때문에 마르조르는 누군가를 돌보고 도와줄 때에만 자신이 가치 있는 사람이라고 느꼈습니다. 그래서 자신의 의견을 잘 표현하지 못했고, 칭찬받기 위해 늘 자신을 혹독하게 다그쳤습니다. 그럴 때마다 주변의 나르시시스트들은 그녀의 취약점을 귀신같이 알아내어, 무엇이든 희생하는 그녀의 성격을 이용해 이득을 취했습니다. 결과적으로 마르조르는 일에서든 사랑에서든 어머니와 같은 사람을 만나 고통을 겪어야 했지요.

그러나 마르조르는 동시에 자신을 착취하는 사람들에게 끌렸습니다. 부모의 기대를 만족시키지 못했다는 수치심을 부모를 닮은 사람을 통해 치유하고 싶었기 때문입니다. 그러니 만약 나르시시스트에게 쉽게 매료되고 그로 인해 갈등을 겪고 있다면 우선 자신의 과거를 잘 돌아봐야 합니다. 그리고 여기저기 착취당하는 악순환에서 벗어나겠다고 굳게 마음먹어야 합니다.

나르시시스트들이 자신의 수치심을 감추고 우월감을 되찾기 위해 교묘하게 이용하는 방법 중 하나가 자신이 감내할 수 없는 모욕과 분노, 약점 등을 다른 사람에게 털어 버리는 것입니다. 그러면 상대는 자신이 못나고 무가치해서 저 사람이 떠나갔다며 상처 받습니다. 예를 들어 당신이 파티에 초대받아 어떤 지적인 남성과 즐거운 대화를 이어가고 있다고 생각해 봅시다. 그런데 갑자기 그가 나의 학벌을 묻더니 싸늘하게 대화를 끝내고 다른 사람과 대화하러 간다면 기분이 어떨까요? 당황스럽기도 하고 부끄러울 수도 있습니다. 화가 나기도 할 것 같네요. 하지만 이 상황은 그가 자신의 우쭐함을 유지하기 위해 털어 버리고 간 나쁜 감정에 내 감정이 오염되고 만 것이지요. 이때 불쾌한 감정의 근원이 어디에서 비롯되었는지 제대로 이해하면 그 감정은 더 이상 내 것이 아닙니다. 제대로 선을 그을 때 우리는 나르시시스트로부터 자신을 보호할 수 있습니다.

어떤 사람들은 자신의 꿈을 이루기 위해 다른 사람들을 착취하기도 합니다. 자기 말에 고분고분 따르게 하기 위해 나르시시스트들은 마치 자기와 함께 하면 대단하고 멋진 사람이 될 수 있다는 식으로 사람들을 유혹합니다. 입에 발린 칭찬으로 부하에게 일을 교묘하게 더 많이 시키고 거창한 미래를 제시하면서 온갖 잡무까지 떠넘기는 상사를 떠올리면 쉽게 이해할 수 있을 겁니다. 그러나 아무리 뼈 빠지게 일해 봐야 성과는 상사의 것이 되고, 삶은 더욱 공허해질 뿐입니다. 나르시시스트에게서 벗어나기 위해서는 상대를 내가 원하는 모습대로 보지 말고 있는 그대로 볼 줄 알아야 합니다. 또 나르시시스트의 허황된 포부에 업혀 갈 생각하지 말고 자신의 꿈을 찾으려고 노력해야 합니다.

나르시시스트의 가장 큰 특징 중 하나는 바로 경계를 지키지 못한다는 것입니다. 그들에게 타인은 오로지 자기 욕구를 충족시키기 위해서만 존재하기 때문에 함부로 타인의 경계를 침범합니다. 상대방이 기분 나쁠 때까지 약 올리고 나서 그저 장난이었다고 말하고, 어려움에 처하면 당연히 친구가 도와주어야 한다고 생각하고, 남의 일에 함부로 왈가왈부하고, 쓸데없는 오지랖으로 사람을 괴롭히고, 제멋대로 물건을 가져다 쓰고, 상대를 원하는 때에 무조건 독점하려 하는 등 경계를 지키지 못하는 사람이 부리는 행패는 이루 말할 수 없습니다.

선을 넘지 말라고 단호하게 말하면 해결될까요? 이는 오히려 그들의 방어 본능만 자극할 뿐입니다. 나르시시스트들은 상대의 단호한 태도를 자신의 특별함, 위대함, 자격에 대한 공격으로 받아들이고 오히려 화를 내거나 상대방이 죄책감을 느끼게 만드는 등 더욱 강하게 반응합니다. 만약 그들과 관계가 단절되어도 좋다고 여긴다면 상관없겠지만, 관계를 유지하고 싶다면 최대한 온화하게 메시지를 전달하는 편이 좋습니다.

그리고 일단 경계를 정했다면 끝까지 지켜야 합니다. 그들의 맞대응에 약해져 경계를 풀게 되면 그들에게 내 뜻이 진지하지 않았다는 것을 알려주는 셈입니다. 상대와 주고받는 행동에 대해 항상 경계를 늦추지 마세요. 이렇게 스스로 자신의 공간을 지켜나갈 때에만 그곳에서 온전히 나의 삶을, 나의 행복을 꾸려 나갈 수 있습니다.

사람을 움직이는 힘은 어디에서 오는가

상대방의 나쁜 습관을 고치고 싶어 심리학 카페를 찾아오시는 분이 많습니다. 카터는 정리 정돈을 전혀 하지 않는 남편이 못마땅해 이곳을 찾았고, 아르망은 사소한 일에도 화를 내는 부인 때문에 고민입니다. 아네트는 담배를 못 끊는 남자 친구가 마음에 들지 않고, 에릭은 집중력이 약한 아이에게 공부 습관을 들여 주고 싶어 합니다. 그들은 본인에게도 좋지 않고 남에게도 피해를 주는 나쁜 습관을 왜 끊지 못하는 건지 이해할 수 없다며, 자기가 이를 고쳐 놓아야겠다고 말을 하지요. 그리고 상대방이 그런 행동을 할 때마다 하지 말아야 하는 이유를 늘어놓고, 그래도 고쳐지지 않는다면 계속해서 잔소리를 퍼붓습니다. 결국 습관을 고치기는커녕 상대와의 관계만 나빠진 채 심리학 카페를 찾아오는 것이지요.

잔소리로 사람을 바꿀 수 없는 이유

마리잔은 결혼 후 서서히 살이 찌기 시작해 지금은 심각한 고도비만이 되었습니다. 남편과 부모, 아이들과 친구들 모두가 그녀에게 다이어트를 권했지요. 의사도 이제는 살을 빼지 않으면 큰일이 난다고 경고했지만 그녀의 다이어트는 한 달을 넘겨 본 적이 없었습니다. 그러던 어느 날 마리잔은 충격적인 일을 경험합니다. 크리스마스트리 아래 놓인 아들의 소원 쪽지를 읽게 되었는데 그 안에 이렇게 적혀 있었거든요.

"내가 가장 받고 싶은 선물은 엄마가 체중을 줄이는 거예요. 왜냐하면 나는 엄마를 사랑하니까요."

마리잔은 1월 1일부터 다이어트를 시작했고, 6개월 만에 14킬로그램을 감량했습니다. 가족 모두 그녀를 축하해 주며 그녀가 곧 정상 체중으로 돌아올 거라 생각했지요. 그러나 이 이야기는 좋은 결실을 보지 못했습니다. 1년 후 마리잔의 몸무게는 오히려 9킬로그램이 늘었고, 2년 후에는 23킬로그램이 늘어 지금은 다이어트를 시작한 당시보다 더 뚱뚱해졌습니다. 도대체 왜 마리잔은 다이어트에 실패한 걸까요?

사람을 움직이는 동기는 그 동기가 어디서 비롯되느냐에 따라 내적 동기와 외적 동기로 나눌 수 있습니다. 내적 동기란 자기가 가지고 있는 흥미, 호기심, 도전 의식, 자기 만족감 등에서 비롯되는데, 쉽게 말해 자기가 좋아서 하는 일들이 내적 동기에 의한 활동입니다. 내적 동기로 시작한 활동은 결과에 상관없이 그 자체로 즐거움과 만족감을 주기 때문에 오래 갈 가능성이 크고, 수행자가 자발적으로 시작한 일이기 때문에 어려운 과제에도 두려움 없이 도전합니다.

반면 외적 동기는 주어진 문제를 제대로 수행했을 때에 따른 보상이나 처벌에서 비롯되는데, 이를테면 성과금을 받기 위해 일을 열심히 하거나 학사 경고를 면하기 위해 공부를 하는 식이지요. 외적 동기에 의한 활동은 보상이나 처벌이 사라지면 그 행동의 동기 또한 없어지므로 지속력이 약하고, 위험을 피하고자 하는 욕구에서 비롯되기 때문에 수행자가 비교적 소극적으로 행동할 수 있습니다.

마리잔은 아들을 기쁘게 하려고 살을 뺐습니다. 내적 동기보다는 외적 동기가 강했던 셈이지요. 먹고 싶은 것을 참고, 하기 싫은 운동을 하는 다이어트의 고통을 견디기 위해서는 강한 의지가 필요합니다. 하지만 마리잔은 처음 감량에 성공했을 때 이미 아들이 기뻐하는 모습을 보았기 때문에 계속해서 힘든 체중

감량을 이어 나갈 필요성을 느끼지 못했습니다. 그래서 어느 정도 선에서 다이어트를 끝낸 것이지요.

우리는 보상을 바라거나 처벌이 두려울 때 행동합니다. 그러나 그 행동을 유지하려면 더 좋은 보상, 더 강력한 처벌이 필요합니다. 잔소리로 사람을 바꿀 수 없는 이유가 여기 있습니다. 처음에는 잔소리를 피하기 위해 그 일을 할지도 모르지만 그 일을 계속하려면 더 심한 잔소리가 필요합니다. 하지만 사람은 자극이 심하면 면역이 되기 마련이라 웬만한 잔소리에는 반응하지 않는 단계에 이릅니다. 겉으로는 알겠다고 대답하지만 태도는 조금도 바뀌지 않는 아이들을 떠올려 보세요.

우리는 결코 타인을 바꿀 수 없지만, 타인을 보는 관점은 바꿀 수 있다

냉정히 말해서 우리는 결코 타인을 바꿀 수 없습니다. 어르고 달래거나 협박을 통해 잠깐은 가능할 수도 있겠지만 근본적으로 상대를 바꾸어 놓을 수는 없습니다. 그의 나쁜 습관을 고칠 수 있는 사람은 그 자신뿐입니다. 자기 스스로가 바뀌어야 한다고 마음먹어야만 변화가 가능한 것이지요. 우리는 그저 상대가 나쁜 습관에 대해 진지하게 생각할 수 있도록 자극을 줄 뿐입니다.

그런데도 우리는 매 순간 상대를 판단하고 비난합니다. 담배를 물면 아직도 정신을 못 차렸다며 잔소리하고, 숙제를 끝내지 않고 텔레비전을 보면 규칙을 못 지키는 아이라며 벌을 내립니다. 이런 판단 이면에는 상대방이 스스로 계획하고 실천할 수 있는 자율성과 자제력이 없는 사람이라는 인식이 숨어 있습니다. 그리고 이런 인식이 있는 한 우리는 결코 그의 내적 동기를 끌어낼 수 없습니다.

상대의 나쁜 버릇을 고치고 싶다면 우선 당신이 상대를 보는 관점을 바꿔야 합니다. 상대가 스스로 무엇이든 할 수 있는 열정과 힘을 가지고 있다는 사실을 믿어주세요. 그 사실을 인정하고 나면 그의 안에 잠재된 것들을 이끌어 내기 위해 여러 방법을 시도해 볼 수 있습니다. 먼저 개인의 욕구를 존중하면서 스스로 선택할 기회와 주도성을 행사하도록 도와줍시다. 그리고 목표를 성취하지 못해도 조금이라도 발전했다면 그것을 구체적으로 칭찬해 주세요. 만약 스스로 세운 계획을 실천하지 못하면 그 이유가 무엇인지 당사자가 찾도록 기다려 주면 됩니다.

이렇게 상대방에 대한 믿음을 가지고 있을 때 상대 역시 내 말에 귀를 기울입니다. 엘렌의 남편 벵상은 아내의 인종 차별적인 태도를 참는 일이 힘들었습니다. 언제나 같은 문제로 싸움을 반복하던 부부는 심리학 카페에 찾아와 변화를 맞이했습니다. 벵상은 엘렌이 문제를 스스로 인식한다면 바뀔 수 있다는 믿음을 가지고 몇 개월 동안 이 문제에 대해 조심스럽게 접근했습니다. 차분한 태도로 그녀의 편견이 이민자들에게 어떤 상처를 주는지 정확하게 알려 주었습니다. 그다음에는 그녀 스스로 결론에 도달하도록 두었습니다. 남편과의 대화를 통해 엘렌은 자신의 태도가 인종 차별 성향이 강한 부모님으로부터 기인한 것이고, 내가 선택한 것이 아니었음을 깨닫게 되었습니다. 그제야 그녀는 편견에 찬 발언을 하지 않게 되었지요.

엘렌의 경우와 달리, 우리의 노력에도 불구하고 상대방의 습관은 여전히 개선되지 않을 수도 있습니다. 그렇더라도 그건 더 이상 우리의 몫이 아닙니다. 이 점을 분명히 이해하면 오히려 쉽게 바뀌지 않는 상대를 보며 크게 마음 쓰지 않고, 언젠가 자율성으로 발휘해 변할 수 있다는 믿음으로 상대를 오래도록 지켜볼 수 있습니다. 그리고 이러한 믿음이야말로 우리가 타인에게 보낼 수 있는 강력한 지지입니다.

흔쾌히 마음을 주고받는 일이 어려운 이유

얼마 전 4년 동안 사귄 여자 친구가 다른 남자와 결혼했다는 이유로 4만 유로(약 5,600만 원)의 소송을 제기한 남자의 기사를 읽었습니다. 결혼을 전제로 만나며 여자에게 3만 5,000유로 상당의 온갖 선물을 줬는데 딴 남자와 결혼했으니 재산상의 손해에 위자료까지 받아야 한다는 것이 그의 주장이었지요. 실연의 아픔이 얼마나 크면 소송까지 할까 싶어 안타깝다는 생각이 들다가도, 사랑하는 여자에게 준 선물을 돌려받겠다니 도대체 어떤 논리일까 의아했습니다. 열렬히 사랑하다가도 언제든 헤어질 수 있는 게 연인 사이인데, 선물을 그 관계에 대한 계약금처럼 생각하고 그 대가를 지급하라는 게 도무지 이해되지 않았습니다.

하지만 가만히 생각해 보니 많은 사람들이 그와 비슷한 생각을 한다는 걸 깨달았습니다. 우리는 알게 모르게 선물을 건네며 무언가를 기대합니다. 사심 없이 선물을 주는 경우는 드물다는 뜻입니다. 어떤 이들은 함께 보내지 못한 시간에 대한 보상으로 선물을 주기도 합니다. 야근 때문에 기념일을 챙기지 못한 남자는 대신 여자 친구에게 값비싼 선물을 주고, 출장으로 집을 비운 아빠는 아이와 놀아 주는 시간 대신 장난감을 사 주는 것이지요. 그들은 선물을 줌으로써 상대방이 더는 서운해하지 않기를 기대합니다.

상대방에게 영향력을 행사하고 싶은 욕구를 선물로 드러낼 때도 있습니다. 자식이나 연인에게 과도한 선물을 한 뒤 끊임없이 이에 대해 생색을 내는 것입니다. 그들은 선물을 주며 이렇게 말하지요. "내가 널 얼마나 아끼는지 알겠지?" 그러면서 자기 말을 잘 들어야 한다고 속삭이고, 더 많은 사랑을 주기를 바랍니다. 응당 선물에 대한 대가를 치러야 한다고 은근히 강요하는 것입니다. 받은 사람은 달라고 한 적도 없는 선물 때문에 부담감을 느끼게 되지요.

반대로 더 이상 다가오지 말라는 뜻으로 선물을 주는 사람도 있습니다. 심리 상담을 하다 보면 종종 선물을 사 오는 내담자를 만나게 됩니다. 단순한 감사의 선물이라며 받아달라고 말하지만, 실은 더는 자신을 드러내기가 부담스러워 더욱 깊은 것은 묻지 말아 달라는 뜻을 내포하고 있습니다. '지금까지의 노고에 대해 대가를 치렀으니 이제 그만하고 싶다'는 무의식의 요청인 셈이지요. 경험상 이런 사람들은 자신을 과소평가하는 경향이 있어서 스스로를 좋은 대우를 받을 자격이 없는 사람이라고 생각합니다. 그래서 누군가에게 선물 같은 걸 받으면 무척 부담스러워하며 더 큰 선물을 돌려주어야 마음의 안정을 되찾습니다. 그 선물의 대가는 '제발 날 좀 가만히 내버려 두세요'입니다.

우리는 정말 받은 만큼 돌려줘야 할까?

뉴질랜드의 원시 부족인 마오리족은 선물에 대해 독특한 생각이 있습니다. 누군가에게 선물을 줄 때에는 선물의 영인 '하우'도 함께 전달되는데, 만약 선물을 받은 이가 다른 이에게 답례를 돌려주지 않는다면 하우는 그 사람에게 머물면서 저주를 내려 병이 나게 하거나 죽음에 이르게 만든다고 믿었습니다. 그러므로 마오리족에게 답례는 의무였고, 선물이란 넓은 의미로 교환의 일종이었습니다.

생각해 보면 우리와 다를 것이 없습니다. 시장 경제의 핵심은 받는 만큼 돌려준다는 원칙이고, 이런 문화에 익숙한 우리는 대부분 선물을 받으면 적당한 답례를 해야 한다고 생각하니 말이지요. 다만 마오리족은 답례를 불특정한 타인에게 했다면, 우리는 선물을 준 당사자에게 돌려준다는 차이점이 있습니다. 그래서 우리는 준 만큼 되돌아오지 않으면 은근히 서운하고, 심할 경우 선물을 주고받는 것 자체가 큰 스트레스가 됩니다.

그런데 '교환'되는 선물이 '선물'이라고 할 수 있을까요? 프랑스의 철학자 데리다는 이에 대해 "선물이란 불가능한 것이다."라고 강하게 주장합니다. 답례가 의무가 되는 순간, 선물은 이미 원래의 의미를 잃어버리고 당연히 무언가 그에 대한 답을 하리라는 기대, 답을 해야 한다는 의무감을 가질 수밖에 없기 때문입니다. 그러면 선물은 일종의 채권·채무 관계가 될 뿐, 순수한 호의를 잃어버리고 맙니다. 그래서 선물이라는 인식을 가지는 한 선물은 불가능하다는 것입니다.

가족을 위해 모든 것을 포기하고 참고 산다는 엄마를 위한 조언

철학자 데리다의 말이 맞을까요? 우리가 선물을 주거나 더 나아가 선행을 베풀 때 무언가를 기대한다는 것은 사실입니다. 다만 반드시 선물을 받은 당사자가 돌려줄 필요는 없으며, 받은 사람이 돌려주는 선물도 받은 물건에 해당하는 값어치여야 할 필요도 없습니다. 다시 말해 선물을 주는 행위, 좋은 일을 하는 행위 자체가 즐거움이자 기쁨이고, 이것이 선물에 대한 충분한 대가가 될 수 있다는 말입니다.

워킹맘 칼리스타는 언제나 자기만 희생하고 있다는 생각에 억울하다고 말했습니다. 신문 기자였던 그녀는 아이를 낳게 되면서 부수적인 단신 리포트를 주로 쓰게 되었습니다. 해외 파견이나 기획 기사는 꿈도 못 꾸는 형편에 놓인 것이지요. 반면 그녀보다 실력이 월등히 떨어지던 동료는 해외에도 나가고 주요 직책에 앉는 등 승승장구했습니다. 그 모습을 보면서 그녀는 자신의 능력과 노력, 시간을 모두 가정에 빼앗긴 것 같아 억울하고 화가 났습니다.

"가족을 사랑하지만 가끔은 남편과 아이가 너무 얄미워요. 나는 가정을 위해 이렇게 포기하는 게 많은데 그들은 모든 걸 누리면서 사는 것 같아서요."

누구나 주는 만큼 받지 못해 억울함을 느낀 적이 있을 겁니다. 그런데 '주는 만큼 받아야 한다'고 생각하는 한, '준다'는 행위는 무언가를 포기하는 것, 빼앗기는 것, 희생하는 것이 됩니다. 그러나 사회심리학자 에리히 프롬에 따르면 무언가를 준다는 것은 자기의 잠재력을 발휘하는 것입니다. 즉 내가 살아 있고 자신이 충만하여서 상대에게 나의 능력과 힘을 나누어 줄 수 있는 것입니다. 그러니 베푸는 행위는 나 자신에게 나를 과시할 수 있고, 그러면서 내가 살아 있음을 생생하게 확인시켜 주는 기쁨입니다.

심리학 카페에서 사람들과 이야기를 나눌 때, 나는 무언가를 베푼다는 것 자체에서 커다란 희열을 느낄 때가 있습니다. 내가 가진 지식, 이해, 기쁨, 환희 등을 줄 수 있어서 즐겁고, 이런 일을 하며 생동감을 느낍니다. 그때 사람들이 내 이야기를 듣고 깨달음을 얻는다면 좋겠지만, 그렇지 않아도 괜찮아요. 이렇게 바라는 것 없이 순수하게 베풀 수 있고, 상대에게 무언가를 주면서 저는 성장합니다. 시장에서 말하는 '교환'과는 정반대인 셈이지요. 그렇게 '준다는 것'은 순수하고 단순한 기쁨이 됩니다.

평생 가난한 자들을 돌보며 살아온 피에르 신부는 타인을 도우면서 얻는 단순한 기쁨을 강조해 왔습니다. 그는 '엠마우스Emmaus'라는 빈민 구호 공동체를 만들어 평생을 집 없는 사람들, 소외된 사람들과 함께했습니다. 그렇게 전 세계 사람들의 사랑과 존경을 받았지요. 현재 44개국에 지부를 둘 만큼 성장한 세계적인 구호 집단인 엠마우스는 다음과 같은 세 가지 원칙을 지키고 있습니다.

① 우리가 먹을 것은 직접 노동해서 번다.

노약자와 장애인들을 위한 것을 제외하고는 정부나 시청, 도청으로부터 어떠한 지원금도 받지 않는다.

② 우리는 모든 걸 나눠 가진다.

공동체에 크게 이바지하는 튼실한 사람도 생산성 없는 노인보다 더 많은 걸 갖지 않는다.

③ 베푸는 사람이 되는 사치를 위해 노력한다.

멸시받고 소외된 주변인들인 우리는 생활하는 데 충분한 정도 이상의 노동을 한다.

가장 눈에 띄는 것은 3번 '베푸는 사람이 되는 사치'를 누리자는 문구입니다. 대가를 바라지 않는 베풂은 돈이 있든 없든, 능력이 뛰어나든 그렇지 않든 누구나 상관없이 마음만 먹으면 누릴 수 있는 사치이자 행복입니다. 그러니 '왜 나는 맨날 주기만 하는 걸까', '왜 저 사람은 나에게 베풀지 않을까' 하는 생각이 들어 마음이 불편할 때는 숨을 한번 훅 내쉬고, 대신 나는 베풂의 기쁨을 누렸다고 생각해 보세요. 이왕 주는 것, 기꺼운 마음으로 내어 주자고요. 진정으로 줄 수 있다면 우리는 그보다 훨씬 값비싼 선물을 받게 되니 억울할 게 전혀 없습니다. 바로 살아 있음의 충만감과 성장의 행복입니다.

싸우지 않고도
원하는 것을 얻는 대화의 기술

어느 자리를 가든 환대받는 친구가 하나쯤 있지 않나요? 다른 사람의 말을 경청하고 공감해 주는 데다가 이야기를 재미있게 끌어가는 재치까지 겸비해 그의 주위에선 웃음이 끊이지 않는 친구 말입니다. 그렇다고 무슨 말이든 무조건 맞장구치고 보는 줏대 없는 사람은 아닙니다. 원하는 바를 부드럽지만 명확하게 전달할 줄 알고, 상대방의 말이 옳다고 느껴질 땐 진지하게 심사숙고하여 태도를 바꾸는 유연함도 지녔으니까요. 그래서인지 그는 '협상의 달인'으로 통합니다. 상대의 기분을 상하지 않게 하면서도 원하는 결과를 이끌어 내기 때문입니다.

모든 사람이 그 친구처럼 협상에 능하다면 얼마나 좋겠습니까. 그렇다면 가족과 친구 사이의 다툼, 직장 내 인간관계 문제도 훨씬 수월하게 해결할 수 있을 텐데요. 실생활에서의 협상과 타협은 서로에 대한 비난으로 끝나는 경우가 비일비재합니다. 합의점을 찾자며 협상 테이블에 앉지만 각자 저마다의 뜻을 고수하다가 상처만 주고받은 채 자리를 떠나지요. 때로는 자존심 싸움으로 번져 서로를 헐뜯고 마음이 상한 채 끝나기도 합니다. 가족이나 연인처럼 친밀한 사이에서의 말다툼도 마찬가지입니다. 사소한 불만을 얘기하려던 것이 "네가 원래 그렇지 뭐.", "당신 참 이기적인 사람이구나?", "너는 왜 이렇게 게으른 거야!" 등의 비난으로 끝을 맺습니다.

문제를 해결하려던 대화가 왜 싸움으로 변질되는 걸까요? 왜 우리는 의도와 다르게 서로에게 상처를 주는 걸까요? 서로의 마음을 이해하고 공감하는 대화는 진정 불가능할까요? 이 장에서는 원하는 바를 허심탄회하게 나누고 해결책을 찾기 위해 우리가 갖춰야 할 올바른 자세에 대해 알아보려고 합니다.

원하는 것을 분명히 이해하라

규모가 큰 로펌에 근무하는 변호사인 아망딘은 누구보다 열심히 일에 매진했습니다. 그녀는 2년 전 고용주로부터 매출 목표를 달성하면 지분을 배정받는 파트너 변호사로 승격해 주겠다는 약속을 받았습니다. 그래서 그녀는 매일 가장 일찍 출근하고 가장 늦게 퇴근하며 열심히 일했지요. 하지만 매출 목표를 훌쩍 넘긴 현재까지 고용주는 지분 배당에 대해 일언반구도 없습니다. 아망딘은 머리끝까지 화가 난 채로 이렇게 말했지요.

"저는 2년 넘게 기다렸어요. 흥미롭지도, 중요하지도 않은 서류 더미들을 모두 내게 떠넘겼으면서! 저는 그래도 불평 한마디 안 했다고요. 격주로 주말을 반납하고 밤을 새워 가면서 그 일들을 모두 처리했어요. 아무래도 제가 그들에게 놀아난 것 같아요. 처음부터 지분을 배당할 생각이 아예 없었던 게 아닐까요? 그냥 저를 이용하려고 그런 말을 했던 거에요! 앞으로는 과도한 업무를 주지 않겠다는 확답을 받아야겠어요. 정말이지 더는 회사의 희생양이 될 생각이 없다는 걸 보여 줄 거예요."

아망딘은 노트를 가득 메울 정도로 불만을 쏟아냈습니다. 그리고 회사 임원과 면담을 잡아 이 모든 불만을 털어놓으려고 했습니다.

"아망딘, 당신이 회사로부터 정말 원하는 건 뭔가요?"

"제가 파트너 변호사가 될 수 있는지 분명히 듣고 싶어요."

"그렇다면 회사에 대한 불만은 얘기하지 않는 게 좋겠어요."

아망딘은 자신의 심정을 왜 회사에 이야기하면 안 되는지 이해할 수 없다고 대답했습니다. 생각해 봅시다. 만약 아망딘이 회사에 대한 불만을 이야기한다면 임원들은 그 문제에 대한 해결책을 세우는 데 급급할 것입니다. 심지어 아망딘이 파트너 변호사가 되는 것에는 관심이 없다고 생각할지도 모르지요. 차라리 자신이 성공적으로 마무리한 사건이나 리더십을 발휘한 경험, 2년 동안 회사의 성장세에 어떤 근거로 얼마만큼 기여했는지 이야기하여 지분 배당을 요청하는 것이 원하는 바를 얻는 지름길입니다.

원하는 것을 상대에게 분명하게 밝히는 일이 쉬울 것 같지만 결코 그렇지 않습니다. 스스로 원하는 바를 잘 모르거나, 알더라도 이를 드러내는 데 익숙하지 않거든요. 특히 가까운 사이일수록 이런 현상은 더욱 심해집니다. 비폭력 대화를 널리 알린 심리학자 마셜 로젠버그는 자신의 경험을 예로 들었습니다.

> 한번은 내 어머니가 여성들이 자신의 욕구를 표현하는 데 얼마나 두려움을 느끼는지에 대해 이야기하는 모임에 참가하신 적이 있다. 그런데 어머니는 갑자기 일어나 밖으로 나가시더니 한동안 돌아오지 않으셨다. 다시 돌아온 어머니는 창백한 모습이었다. 나는 어머니께 괜찮으시냐 물었다. 어머니는 괜찮지만 받아들이기 아주 힘든 사실을 하나 깨달았다고 대답하셨다. 그게 뭐냐고 묻는 내 물음에 어머니는 이렇게 말씀하셨다. 지난 40여 년 동안 내가 원하는 것을 아버지가 들어주지 않아서 화가 났는데, 내가 원하는 것이 정작 무엇인

지 아버지에게 단 한 번도 분명하게 말한 적이 없다는 것을 깨달으셨다고 말이다.

많은 사람들이 그의 어머니처럼 자신의 욕구를 넌지시 암시하기만 할 뿐 솔직하고 분명하게 말하지는 못합니다. 그런데도 상대방이 그 욕구를 무시하거나 들어주지 않으면 분노가 가득하여 비난의 화살을 쏘아 대고는 하지요. 그러나 말하지 않으면 모릅니다. 아무리 가까운 사이라도 말이에요. 그러므로 자기가 원하는 바를 분명하게 전달할 줄 알아야 합니다. 그래야 쓸데없는 감정싸움에 에너지를 쏟지 않고 그 에너지를 해결책을 찾는 데 집중할 수 있을 테니 말이지요.

상처를 부르는 대화법 vs. 공감을 부르는 대화법

파스칼은 남편의 불결한 생활 태도에 불만이 많았습니다. 사실 그녀는 여러 번 불만을 토로해도 조금도 고쳐지지 않는 남편의 태도에 더 열받았습니다. 파스칼과 남편이 매일같이 나누는 대화는 이런 식입니다.

"내가 대단한 일을 해 달라고 하는 게 아니잖아. 당신은 머리도 제대로 안 감고, 옷도 아무렇게나 입고, 물건도 아무 데나 굴러다니게 두잖아. 나를 하녀라고 생각하는 모양인데, 난 정말 지쳤다고!"

"당신은 결코 만족하는 법이 없군. 차라리 다른 남자를 알아보지, 그래?"

문제 해결은 고사하고 서로에게 상처만 안긴 채 대화는 끝이 납니다. 그런데 과연 위생 관념에 옳고 그름의 잣대를 들이댈 수 있을까요? 파스칼처럼 정리 정돈이 잘된 깔끔한 상태를 편안하다고 느끼는 사람이 있고, 남편처럼 어수선해도 괜찮은 사람이 있습니다. 그것은 옳고 그름의 문제가 아니라 선호도의 차이일 뿐이지요.

우리는 자주 자신의 가치관과 맞지 않는다는 이유로 타인을 나쁘다거나 틀렸다고 비난합니다. 아내가 더 많은 애정을 갈구하면 아내를 향해 애정결핍에 의존적인 여자라고 말하거나, 반대로 아내가 애정을 표현하지 않으면 냉정한 여성이라고 판단해 버립니다. 직장 동료가 사소한 것에 신경을 쓴다면 강박관념이 있는 까다로운 사람으로 치부하고, 내가 더 세밀한 성격일 때는 동료를 일 처리가 꼼꼼하지 못하고 산만한 사람 취급합니다. 이처럼 옳고 그름, 정상과 비정상 같은 잣대를 들이댈 때 우리는 나와 다른 사람들이 '무엇을 원하는가'에 관심을 두는 대신 '무엇을 잘못했는가'에 초점을 맞추게 됩니다. 그 결과 서로 주고받는 대화는 누가 옳은가를 둘러싼 투쟁이 되어 버립니다. 이 싸움에서 누군가는 반드시 피를 흘리게 되어 있지요.

하지만 우리가 이런 말싸움의 승리자가 되기 위해 대화를 하는 건 아닐 겁니다. 이제 그만 옳고 그름의 잣대를 내려놓고 서로의 욕구를 있는 그대로 표현해 보세요. 감정싸움으로 모든 에너지를 써 버리기 전에 문제를 더 빨리 해결하는 효율적인 방법이 될 겁니다. 내가 당신의 마음을 이해하고, 당신이 내 마음을 이해해 주는 것. 그래서 서로 배려하고 더 행복해지려고 하는 것. 이것이야말로 대화의 진정한 동기입니다. 이런 대화법을 나의 욕구를 중심에 둔다고 하여 'I-message'라고 합니다. 이를 파스칼에게 적용하면 이렇게 되겠네요.

"하고 싶은 말이 있어. 난 당신이 옷을 갖춰 입지 않으면 화가 나. 난 깔끔한 걸 좋아하잖아. 그래서 당신이 옷차림에 신경을 쓰지 않는 걸 볼 때마다 나한테 신경을 쓰지 않는 것 같아서 속이 상해. 당신 생각은 어때?"

아무리 온순한 성격의 사람이라도 '너, 너, 너'를 연발하는 비난의 말을 듣게 되면 방어 본능이 가동되기 마련입니다. 하지만 '나는……'으로 시작되는 말에는 조금 더 귀를 기울여 문제 상황을 파악한 후 자신이 할 수 있는 일이 무엇인지 고민하게 됩니다.

대화도 습관입니다. 자꾸만 상처를 주는 말을 반복하다 보면 그런 대화법이 패턴으로 굳어집니다. 그래서 사소한 자극에도 발끈하여 또다시 화를 내고 말지요. 우리는 상대가 내 마음을 알아줄 때, 또 내가 상대방의 마음을 이해할 때 무엇과도 비교할 수 없는 충만함을 느낍니다. 대화가 주는 기쁨이라고나 할까요. 그러니 더 이상 말로 상처 주지 마세요. 자신에게 솔직해지고, 상대방에게 당신의 생각을 허심탄회하게 말해 보세요. 그것이야말로 원하는 것을 얻으면서 좋은 관계를 유지하는 전략입니다.

다섯 번째 날

인생

이제는 흔들리지 않고
삶의 중심을 잡고 싶다면

당신은 생각보다 강한 사람이다

닥친 불행을 돌려보낼 길은 없다.
그러나 불행을 밟고
그 속에서 새로운 길을 발견할 힘은
우리에게 있다.

—소설가 오노레 드 발자크

우리에겐 멈추어 쉬는 시간이 필요하다

저는 누구나 살면서 한 번쯤은 무언가에 푹 빠져 본 경험이 있어야 한다고 생각합니다. 일이든, 사랑이든, 취미 활동이든 치열하게 몰입해 본 경험은 자기 자신에 대해 많은 것을 깨닫게 해 주니까요. 그러나 단 하나에만 몰두한 채, 그 상태가 지속된다면 이는 매우 위험한 일입니다. 인생 전체를 두고 보았을 때 위험도가 월등히 높아지기 때문입니다.

투자자들에게 진리처럼 통하는 격언 중에 "달걀을 한 바구니에 넣지 말라."라는 말이 있지요. 하나의 주식에 모든 돈을 투자하면 전부 잃을 가능성도 그만큼 커지기 때문에 경계하라는 뜻입니다. 인생도 이와 비슷합니다. 인생에는 부모와 형제, 배우자, 자녀, 친구, 직업, 여가, 종교 등 우리가 시간과 노력을 투자

해야 하는 다양한 투자처가 많습니다. 그리고 생애 주기에 따라 가장 관심을 쏟아야 하는 투자처도 달라집니다. 취업 후에는 일이 가장 우선이 될 것이고, 아이가 태어난 후에는 육아에 많은 시간을 들일 수밖에 없을 테니까요. 만약 한 가지 일에만 모든 것을 쏟아부으면 인생의 다른 요소에 구멍이 생길 위험이 크고, 그 한 가지를 잃게 됐을 때는 상상하기 힘든 만큼의 타격을 입게 될 것입니다.

인생에서 가장 중요한 것은 무엇인가?

대기업에 다니는 조르주는 매일 바쁜 일상을 쪼개어 살고 있습니다. 그는 언제나 지친 얼굴로 카페에 들어와 이렇게 하소연하곤 하지요.

"저는 매번 일정이 가득 차서 아무것도 할 시간이 없어요. 여가 활동은커녕, 가족들과 보낼 시간도 없어요. 친구들도 거의 보지 못하지요. 게다가 어머니의 병문안 때문에 이틀에 한 번은 병원에 가야 합니다."

"오, 조르주. 눈코 뜰 새 없이 바쁜 하루하루를 보내고 있군요. 힘들겠어요……."

나는 그에게 인생의 각기 다른 영역들을 그림으로 그려 보라고 말해 주었지요. 각각의 요소를 잘게 나누어 펼쳐놓고, 관심사에 따라 크기를 다르게 그리는 겁니다. 그가 그린 그림은 아래와 같았습니다.

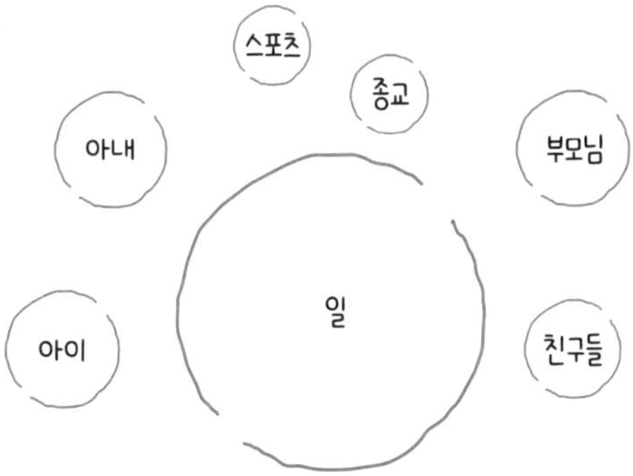

그림을 보자 곧바로 조르주의 인생에서 일의 비중이 너무 크다는 것을 발견했습니다. 그림은 그가 말한 문제를 잘 보여 주고 있었습니다. 다른 이를 위해 낼 수 있는 시간이 없었다는 사실을 여과 없이 보여 주고 있었지요.

여러분도 많은 일이 한꺼번에 몰려와서 이리저리 애쓰다 지쳐 버린 적이 있으신가요? 특정 시기에 우리는 인생의 몇 가지 영역을 더 중요하게 여기며 살 수도 있습니다. 하지만 조르주의 상황에서 제가 걱정스러웠던 점은 각 영역의 크기가 균형이 맞지 않는 채로 지속되고 있다는 것이었어요. 그는 부인과 아이들에게 할당된 시간을 희생시켜 일 영역에 과도하게 시간을 쏟고 있었지요. 친구들은 거의 보지 못해 멀어지고, 가족들의 불만은 점점 쌓여 갔어요. 물론 그 외에 여가나 다른 영역도 마찬가지였습니다.

조르주는 다른 영역의 크기를 키우는 데 신경을 쓰지 않았어요. 이런 상태가 계속되면 인생은 위험해집니다. 그가 거센 역풍을 경험한다면, 그러니까 회사에서 자리가 위태로워지거나 심한 경우 해고라도 당하게 된다면, 일 영역에 뚫려 버린 커다란 구멍을 감당하지 못할 테니까요. 가장 큰 비중을 차지하는 부분이 사라지면 모든 것을 잃어버린 느낌이 들 수도 있습니다.

막 아이를 낳은 젊은 엄마의 삶에서 '아이'가 차지하는 비중은 얼마나 될까요? 아마 거의 전부라고 말해도 과언이 아닐 겁니다. 하지만 살아가는 내내 아이가 인생의 모든 영역을 차지한다면, 분명 나중에 아이가 자립하는 시기가 왔을 때 그녀는 견디기 힘들 정도의 상실감에 빠지게 되겠지요.

다시 조르주의 이야기로 돌아가 볼게요. 그가 계속 같은 방식으로 일에만 올인하는 삶을 산다면 나중에 위기를 겪게 될 것은 불 보듯 뻔한 일입니다.

저는 각 영역의 적절한 비중에 대해 이야기하는 것이 아닙니다. 이상적인 것은 모든 영역이 균형을 맞추며 살아가는 일이지만 현실적으로는 그러기가 힘들거든요. 대신, 영역들의 비중이 끊임없이 움직이되, 고정되지 않게 하는 것이 중요합니다. 일하는 시간, 가족을 돌보는 시간, 친구를 보는 시간, 함께 여가를 보내는 시간, 생각하는 시간……. 어떤 사건이 일어나더라도 삶이 무너지지 않도록 계속해서 관심을 주며 각 영역을 살피는 것이 좋습니다.

자신이 어떤 상태에 있는지 객관적으로 알 수 있도록 조르주처럼 표를 그려 보라고 여러분에게도 권해 주고 싶네요. 어떤 영역이 과도하게 크고, 어떤 영역이 지나치게 미미한지 살펴보세요. 그러고는 다양한 영역으로 확장해 나가도록 합시다. 인생에는 언제든지 폭풍우가 내릴 수 있고 이에 맞서기 위해 누군가에게 도움의 손길을 뻗게 될 수도 있으니까요. 그렇게 하면 예기치 못한 일 앞에서 아무것도 하지 못하고 손을 놓아 버리는 일은 막을 수 있습니다.

일에서의 성공에 모든 것을 걸었을 때 우리가 잃게 되는 것들

우리 주변에는 조르주처럼 일에서 자신의 정체성을 찾으려는 사람들이 많습니다. 물론 일에 몰두하는 것이 나쁜 것은 아니지만, 오로지 일에만 몰두할 때는 몇 가지 문제가 생기기 마련입니다.

첫째, 성공을 위해 앞만 보고 달리다가는 이내 방전되어 버립니다. 흔히 '번아웃 증후군'이라는 말을 들어보셨지요? 한 가지 일에 지나치게 몰두하다가 어느 순간 회의를 느끼고 무력감에 빠져 아무것도 할 수 없는 상태를 말합니다. 마치 어느 시점에 연료가 모두 불타 버려 더 이상 불이 붙지 않는 것과 비슷합니다. 이처럼 모든 에너지가 소진되어 버린 상태에서는 스스로를 다그쳐 봤자 더욱 무기력해질 뿐입니다.

두 번째는 일에 대한 즐거움이 사라진다는 겁니다. 조르주의 경우와 마찬가지로, 한 가지에 모든 것을 쏟아부을수록 실패에 대한 두려움이 커지면서 새로운 도전을 주저하게 됩니다. 그 결과 안정적인 일만 반복하게 되어 일하는 재미를 잃어버리곤 하지요. 또 점점 내 자신에게 엄격해지고, 소심하거나 융통성 없는 사람이 되기도 합니다. 기존의 방식대로 열심히 일하는 직원보다, 실패하더라도 끊임없이 새로운 도전을 하기를 바라는 현대

사회에서 이 같은 방식은 오래갈 수 없습니다. 게다가 일에 대한 부담감이 가득한 상황에서는 그 일을 즐기지도 못하지요. 반대로 일을 재미있게 하는 사람은 쉽게 소진되지 않기 때문에 더 오랫동안 자기 일을 사랑하며 행복하게 일할 수 있고, 그만큼 성공에 다다를 확률이 높아집니다.

셋째로 오로지 일에만 몰두하는 '일중독'이 당신의 자식에게 이어질 수 있습니다. 미국 노스캐롤라이나 대학교의 브라이언 로빈슨 교수는 일중독자들의 자녀를 연구한 결과, 일중독자들의 자녀가 알코올 중독자의 자녀보다 더욱 우울하고 불안하며 나중에 부모처럼 일중독자가 될 가능성이 높다고 밝혔습니다. 부모가 일을 자신의 인생에서 최우선에 둘수록 자신은 부모의 인정을 받기 위해 공부든 일이든 잘해야 한다는 강박관념에 빠지기 쉽기 때문입니다.

마지막으로 최선을 다한 끝에 결국 일에서 성공을 거두었다고 해도 인생에서 실패할 가능성이 매우 높습니다. 그들은 대체로 일을 위해 많은 것을 희생합니다. 배우자, 자녀, 친구, 때론 자신보다 일이 우선시 되기 때문에 여가나 휴일, 일상에서의 즐거움 등을 온전히 일을 위해 바치는 것이지요. 그래서 경력이나 연봉, 매출 등의 측면에서는 매우 성공했다고 말할 수 있을지라도, 인생 전체를 바라볼 때는 공허함을 느낄 수밖에 없습니다.

결코 휴식을 미루지 마라

바이올린을 보관할 때는 현을 느슨하게 풀어 놓는다는 사실을 알고 계시는가요? 줄을 맞춰 놓은 채 보관하면 바이올린을 곧바로 사용하기에 조금은 편할지 몰라도 정확한 음을 유지하려면 다시 조여야 합니다. 그런 식으로 매일 조금씩 더 조여나가다 보면 언젠가 현은 끊어지고 맙니다. 사람도 마찬가지예요. 쉴 때 쉬지 못하면 언젠가 방전되어 버립니다. 소크라테스는 "한가로운 시간은 무엇과도 바꿀 수 없는 재산"이라고 말했고, 칸트는 "노동 뒤의 휴식이야말로 가장 편안하고 순수한 기쁨"이라며 휴식의 중요성을 강조했지요. 이처럼 휴식은 빈둥거리는 게으름이 아니라 창의력을 높이고 인생을 충만하게 만드는 시간입니다. 그러므로 마음 편히 쉬는 일을 결코 미루지 말아야 합니다.

또한 일을 즐겁게 하고 싶다면 일의 의미를 넓혀서 생각하는 게 좋습니다. 일을 직업이나 경력으로 직결된 작은 의미로만 생각할 때는 성과를 내지 못하는 일은 의미 없는 활동이 되고 맙니다. 그러면 몸과 마음이 초췌해질 정도로 몸을 혹사하거나, 출근이 두려울 정도로 일에 대한 부담감이 커지거나, 단순히 버티는 것 외에는 방법이 없습니다. 그러나 일을 '자신의 성장을 위한 모든 것'이라고 이해한다면 부담감이나 실패에 대한 두려움을 내려놓고 도전을 즐길 수 있으며 휴식조차 일의 중요한 일부가 됩니다.

독일의 어느 정신과 의사는 "하던 일을 멈추거나 미룰 수 있는 사람이야말로 건강하게 일하는 사람"이라고 했습니다. 인생은 단거리 달리기가 아니라 하나의 마라톤입니다. 폭발적인 힘을 내는 것도 좋지만 그러다가 지쳐 버리면 안 되는 거지요. 재미있게 달리기를 즐기고, 꾸준하게 노력하고, 여러 가지 균형을 이루며 달린다면 장거리 달리기도 어떻게든 걸어갈 수 있습니다. 그러니 쉬어 줄 때는 충분한 휴식을 주고, 다시 일어나 우리 함께 힘내서 달려보도록 합시다.

나를 변화시킬 수 있는 건 오직 나 자신뿐이다

세상이 많이 변했다고 하지만 여전히 정신과를 찾거나 심리 상담을 받는 일은 쉽지 않지요. 상담실 문을 두드리는 일은 '나는 괜찮지 않다'라는 사실을 인정하는 것이기에 자기 이미지를 조금 내려놓아야만 할 수 있는 일입니다. 그래서 저를 찾아오는 사람들은 다들 약간의 우울감과 자책감을 느낍니다. 자기 자신을 '이 정도도 이겨 내지 못하는 약한 사람'이라고 깎아내리고는 하지요. 하지만 용기 있게 심리학 카페를 찾아왔다는 것은 이미 치유가 시작되었다는 증거입니다. 우울감이란 더 이상 익숙한 방식으로는 문제를 해결할 수 없다는 것을 깨닫고 낡은 자아를 포기하는 상황에서 느껴지는 감정으로, 성장을 향한 신호탄입니다. 그것을 무시하지 않고 문제를 제대로 해결하고자 저를 찾았으니, 이 선택은 충분히 박수 받을 만합니다.

그런데 저를 찾아오는 분들 중에는 심리 치료에 대해 모르는 것이 없을 만큼 노련한 사람도 있습니다. 이미 여러 의사를 거쳐 온 그들은 오랜 기간 치료비를 감당할 만큼 여유롭지만 자기 삶을 만족스럽게 살아가지 못하는 사람들입니다. 그들은 저를 만나자마자 자기가 겪고 있는 문제와 그 원인을 줄줄이 이야기하면서 어떻게 고쳐 줄 수 있느냐고 묻죠. 누구보다 자기 문제를 잘 짚어 내는 똑똑한 사람들이 왜 문제를 해결하지 못하고 저를 찾아온 걸까요?

사람들이 끊임없이 같은 실수를 반복하는 이유

그들에게는 한 가지 공통점이 있었습니다. 바로 너무 빨리 치료를 그만둔다는 것이었지요. 그들은 문제의 원인을 알게 되면 만족스러워하면서 의사와 악수를 나누고 모든 치료 과정에 마침표를 찍어 버립니다. 완벽하게 문제를 이해했으니 모두 해결되었다고 생각하는 겁니다. 하지만 원인을 안다고 문제가 저절로 해소되는 것은 아닙니다. 문제를 이해한다는 것은 자기 변화로 가는 한걸음에 불과합니다.

자기 변화란 끊임없이 같은 실수를 반복하는 낡은 자아에서 벗어나기 위한 자기 수련입니다. 이는 결코 단번에 이루어지지 않으며 다음과 같은 여러 단계에 걸쳐 진행됩니다.

① 문제를 해결하는 단계

일상생활에서 나를 괴롭히는 문제들이 무엇인지 살펴본다.

② 문제의 원인을 찾아보는 단계

어린 시절에 받은 상처나 채워지지 않은 욕구 등을 면밀히 검토한다.

③ 인정하고 받아들이는 단계

맞닥뜨린 문제의 원인뿐만 아니라 현재와 과거의 내 모습을 있는 그대로 받아들인다.

④ 문제에 대한 구체적인 해결책을 세우는 단계

'앞으로 어떻게 할 것인가'에 대한 해답을 만들어 간다.

⑤ 통합과 소화의 단계

하루하루 체험한 변화를 완전히 자기 것으로 소화하기 위해 훈련한다.

여러 변화의 단계를 거치며 주의해야 할 점은 문제를 겪은 적 없는 상태로 돌아가고자 하는 욕심을 버려야 한다는 것입니다. 우리는 완전히 다른 사람으로 변화할 수는 없으며, 그저 이전에 느끼던 고통이 줄어들고 우리 삶이 전보다 만족스러울 정도로만 변화할 수 있습니다. 하지만 그것만으로도 우리는 눈부신 성장을 경험할 수 있을 거예요.

심리 치료를 중도에 포기하는 사람들은 대부분 3단계를 넘어가지 못합니다. 문제의 원인은 이해했지만 온전히 수용하지 못했던 것이지요. 사실 문제의 원인을 인정한다는 것은 꽤나 고통스러운 일입니다. 자신의 가장 못난 점, 약한 점을 직시하는 일이니까요. 다른 사람을 탓하며 피하고 싶겠지만 있는 그대로 받아들여야 합니다. 그래서 많은 사람들은 받아들임의 고통을 감내하는 것보다 차라리 낡은 자아로 돌아가 익숙한 고통을 반복하는 편이 편하다고 생각합니다. 그리고 그 길을 선택하지요. 그들은 겉으로는 문제를 해결하고 싶다고 말하지만, 사실은 현재 상태를 유지하고 싶은 욕구가 더 큽니다. 그래서 문제의 원인을 분석하고 리스트를 작성하는 일에 만족할 뿐, 그 후에 필요한 노력을 기울이지는 않습니다.

하지만 심리 치료의 핵심은 내 인생을 스스로 책임지고 바꿔나가고자 마음먹고, 지속적으로 노력하는 데 있습니다. 그러므로 자기 변화를 바라는 사람이라면 누구나 스스로 이런 질문을 던져야 합니다.

"나는 진정으로 변화하길 원하는가? 내 인생을 책임질 준비가 되어 있는가?"

섣부른 피해자 역할은 그만하자

20대 중반의 귀여운 여성인 사비나는 남자 문제로 심리학 카페를 찾아왔습니다.

"저는 매번 같은 문제를 반복해요. 늘 얼간이 같은 남자와 사랑에 빠진다는 거예요. 제가 만난 남자들은 정말 쌍둥이처럼 닮았어요."

사비나와 저는 여러 이야기를 나눈 끝에 그녀에게 거절에 대한 공포가 있다는 것을 알게 되었습니다. 그녀는 기분에 따라 행동이 들쭉날쭉한 부모님의 눈치를 보며 자랐습니다. 부모님에게 온전한 사랑을 받지 못한 그녀의 마음속에는 사랑받을 만한 가치가 없다는 자기 비하와 열등감이 자리 잡았습니다. 그래서 남자를 만날 때면 '혹시라도 내가 싫어져서 나중에 그가 나를 버리면 어떡하지?' 하는 걱정이 앞섰고, 절대로 자신을 먼저 차 버리지 않을 남자들만 골라 사귀어 왔던 거지요.

우리 주변에는 사비나처럼 스스로를 갉아먹는 일을 반복하는 사람들이 많습니다. 이런 부정적인 습관은 대부분 부모에게서 원인을 찾을 수 있습니다. 하지만 무의식적인 반복의 원인을 스스로 이해하기란 매우 어렵기 때문에 상담가의 도움을 받아 자신의 마음을 바라보려고 노력해야 합니다. 그래야 나를 괴롭히는 나쁜 습관에서 벗어날 발판을 마련할 수 있거든요.

사비나 역시 반복되는 문제에서 해방되고 싶어 심리학 카페를 찾아왔습니다. 하지만 문제의 원인을 이해한 후에도 그녀는 별로 달라지지 않았어요. 계속해서 얼간이 같은 남자들을 만났고 여전히 자기 신세를 한탄했습니다. 보다 못한 저는 어느 날 그녀에게 물었습니다.

"사비나, 진심으로 이 문제를 해결하고 싶은 거예요?"

"그럼요, 당연하지요."

"제가 보기에는 당신이 그런 남자들을 계속 만나고 싶어 하는 것 같아서요. 아마 그들에게서 얻는 게 있을 거예요."

"뭐라고요? 제가 이 상황에서 뭘 얻을 수 있단 말이에요! 안 좋은 점만 잔뜩 있는걸요. 괴로움 외에 이득이라는 게 있을 리 없잖아요."

하지만 사비나에겐 얻는 것이 있었습니다. 그녀는 바보 같은 남자를 만남으로써 불쌍한 희생자 역할에 빠져 있을 수 있었습니다. 부모님에게 충분히 사랑받지 못해 스스로를 폄하하게 된 안타까운 희생자 말입니다. 희생자를 자처하면 문제에 대한 모든 책임에서 벗어날 수 있습니다. 모든 책임은 가해자에게 있으니까요. 그렇게 생각하면 더 이상 자기 인생에 대한 책임을 다하지 않고 면피할 수 있게 됩니다. 이처럼 원하지 않는 상황 속에

은밀하게 숨겨진 장점이 있는데, 이를 '부차적인 이득'이라고 합니다. 그로 인해 사람들은 끊임없이 같은 실수를 반복하거나 고통을 당하면서도 그 상황에서 빠져나오지 못하게 되는 거지요.

당신도 혹시 고통스러운 상황에서 벗어나지 못하고 있나요? 무엇이 문제인지 아는데도 같은 실수를 반복하고 있나요? 그렇다면 이 질문들을 던져 봐야 합니다.

'나는 이 상황에서 어떤 이득을 얻고 있는가?'

'이 상황에 머물러서 내가 피하고 싶은 것은 무엇인가?'

'나는 진정으로 이것을 멈추고 싶은가?'

이제는 스스로 부차적인 이득을 알아차리고, 더는 숨기지 말고 받아들이도록 합시다. 그래야 진정한 자기 변화를 시작할 수 있습니다.

우리는 여전히 과거와 더불어 살아가야 한다

우리는 살면서 종종 불합리하고 부당한 일을 경험하기도 합니다. 실제로 지금까지의 삶이 참을 수 없는 일투성이라고 느끼는 사람도 많을 겁니다. 하지만 우리는 그런 과거와 더불어 살아가야 합니다.

과거의 아픔으로 심리학 카페를 찾는 사람들은 가끔 이런 말을 합니다.

"이런 내가 뭘 할 수 있죠? 나의 과거가 이 모양인데……."

이 질문에 대한 대답에 따라 인생은 달라집니다. 우리는 '선택'할 수 있어요. 과거가 일상을 침범하도록 내버려 둘 것인지, 과거가 해 주는 이야기를 듣되 그것이 인생을 조종하지 못하게 할 것인지 말이죠.

때로는 이리저리 갈피를 잡지 못한 채, 타인에 대한 감정을 어떻게 처리할지 선택하지 못할 수도 있습니다. 아니면 지속적인 책임회피 상태에 머물 수도 있죠. 왜냐하면 머릿속 어딘가에서는 늘 "그건 내 잘못이 아니야. 그건 내가 어렸을 때 있었던 일 때문이야."라는 생각이 떠돌아다니기 때문이지요. 일이 잘 풀리지 않을 때면 습관적으로 과거를 방패 삼아 자기 위로를 하는 유형입니다.

폴린 역시 이런 사람이었습니다. 일이 제대로 돌아가지 않을 때면 늘 자신의 어린 시절에서 이유를 찾았습니다. 그녀는 어머니가 자신에게 무관심했고 거의 보살피지 않았다고 말했습니다.

"폴린 씨는 주위 사람들에게 과할 정도로 관심과 애정, 시선을 갈구하는 경향이 있어요."

"아마 그럴 거예요. 전 어린 시절에 애정을 거의 받지 못하고 자랐거든요. 그러니까 그런 걸 갈구하는 게 당연하죠. 그렇지 않아요? 전 그럴 권리가 있다고요."

저는 폴린에게 '이해'와 '정당화'의 차이를 알려주고 싶었습니다. 자신의 행동을 변화시키기 위한 첫 단계로써 '이해'는 반드시 필요한 과정입니다. 그러나 그 행동을 고착시키고 원하는 변화로 나아가지 못하게 막는 '정당화'는 지양해야 하죠. 이렇게 자신의 행동을 정당화하는 과정을 라캉은 '증상 키우기'라고 이야기했습니다.

"내가 그렇긴 해요. 하지만 그건 내 잘못이 아니에요. 왜냐하면 어머니가 절 제대로 보살펴 주지 않았으니까……."

폴린은 갈림길에 서 있었습니다. 첫 번째로, 어린 시절에 겪은 결핍에 숨어서 계속 나쁜 영향을 받도록 자기 자신을 내버려 둘 수 있습니다. 그녀는 누구를 만나든 그런 행동을 반복하며, 만나는 이들에게 그들은 알지도 못하는 자신의 결핍을 청구하겠지요. 아마 이런 말을 뱉으며 과도한 요구를 할 겁니다.

"날 사랑하고 보살펴 줘요. 우리 부모님이 내게 주지 않은 사랑으로 내 결핍을 채워 주세요."

그녀를 만나는 사람은 상당한 부담감을 느끼겠지요. 타인은 우리의 결핍을 메우기 위해 존재하는 게 아니니까요. 이 선택은 폴린을 '영원한 과거의 피해자'로 남게 할 겁니다.

폴린에게는 다른 선택지도 있습니다. 바로 과거에서 빠져나오는 것이지요. 자신이 과거에 결핍이 있었다는 걸 이해하고, 그 사실이 현재에 미치는 영향을 인식하고, 어린 시절을 바꿀 수 없다는 걸 받아들여야 합니다. 이상적인 어린 시절을 그리워하는 마음을 거두고, 과거로부터 한걸음 떨어져 보겠다고 결정하는 것이지요. 한마디로 이제 그만 오래된 책의 책장을 덮는 겁니다. 내가 폴린에게 선택권이 있다는 이야기하자 그녀는 이렇게 말했습니다.

"그러면 모두 잊고 용서하라는 말씀인가요? 너무 쉽게 말씀하시는 거 아닌가요. 어머니도 제게 애정을 주지 못했다는 걸 인정하셨어요. 그래서 제가 사람들과 정상적인 관계를 맺지 못한다는 것도요. 그게 당신 잘못이라는 걸 알고 있단 말이에요."

우리가 끊임없이 과거를 곱씹는 것은 다음 장으로 넘어가지 못하고 계속 같은 페이지의 책만 읽고 있는 것입니다. 폴린은 어머니가 자신의 고통을 제대로 알지 못할까 봐 두려워서 같은 부분을 읽고 또 읽고 있었습니다. 자신의 고통을 어머니에게 저항하기 위한 증거로서 붙들고 있던 것이지요. 한마디로 그녀의 고통은 그녀의 정체성을 알려 주는 신분증 같은 것이었습니다.

하지만 책을 다 읽고 덮었다고 해서 그것을 잊어버리는 건 아닙니다. 우리는 그 책이 마음에 들든 그렇지 않든 인상적인 부분이나 감동적인 부분 또는 그렇지 않은 부분까지 똑똑히 기억하고 있어요. 책장을 덮어야만 다른 책을 읽을 수 있습니다. 즉 어린 시절의 상처를 한쪽에 넣어 둔 채 눈앞에 펼쳐진 수많은 가능성에 집중하면서 행복한 일상을 꾸려 나갈 수 있다는 뜻이지요.

정신 분석학의 아버지 프로이트는 "정신 분석은 당사자가 병리적인 반응을 하지 않도록 만들어 주는 것이 아니다. 다만 자아를 자유롭게 해서 선택을 할 수 있도록 해 준다."라는 말을 남겼습니다. 우리의 과거는 이미 출판된 책입니다. 그 내용은 결코 바뀌지 않지요. 하지만 현재라는 책은 우리의 선택에 따라 달라질 수 있습니다. 그러니까 과거에 매달려 그것이 우리의 일상을 침범하도록 내버려 둘 것인지, 아니면 과거가 해 주는 이야기를 듣되 그것이 우리의 인생을 조종하지 못하게 할 것인지 선택할 수 있다는 사실을 기억하세요. 더는 과거의 책을 읽고 또 읽지 맙시다. 이제 어린 시절의 책은 책장에 꽂아 두고 다른 책을 시작해야 할 때입니다.

세상에서 가장 뛰어난 정신과 의사도 해 줄 수 없는 일

많은 사람들이 심리 상담가에게 특별한 해결책을 기대하고는 합니다. 저를 찾아오는 분들도 마찬가지입니다. '이 사람은 그래도 내 문제를 해결해 주지 않을까?' 하는 환상을 가지는 거지요.

하지만 상담을 해 나가다 보면 결국 나를 구원해 줄 수 있는 사람은 오직 나뿐이라는 사실을 깨닫게 됩니다. 아픈 상처에서 벗어나는 일은 이 세상에 어느 뛰어난 의사도 대신해 줄 수 없습니다. 바로 우리 자신이야말로 우리에게 가장 훌륭한 의사가 되어 줄 수 있습니다. 그리고 그 역할을 해야 한다고 생각할 때 진정한 치유가 시작됩니다. 결국 나를 가장 잘 돌볼 수 있는 사람은 바로 나 자신이니까요.

마음속의 공허함은 무엇으로 채워야 할까?

멋진 스포츠카가 도로 위를 질주합니다. 지나가던 행인과 운전자들의 이목이 주목되고 모두가 부러운 시선을 던지지요. 자동차가 품격 있는 호텔 앞에 서자 세련된 양복을 입은 남자와 드레스를 입은 아름다운 여자가 매혹적인 눈빛으로 남자를 응시하고, 그의 시선은 잠시 카메라에 머뭅니다. 이내 광고는 이렇게 말하는 듯하지요. "이 차를 사라. 그러면 인생이 바뀔 테니!"

우리는 하루에도 수십 번씩 이런 광고를 접합니다. 바비 인형 같은 몸매에 얼굴에는 잡티 하나 없는 여자들과 탄탄한 근육을 자랑하는 남자들이 온갖 명품과 최신 유행 아이템을 들고 인생을 즐기는 모습을 보고 있자면 내 인생은 무언가 보잘것없어 보입니다. 이처럼 우리는 이렇게 사회가 정해 놓은 이상적인 모델이 되어야 한다고 다그치고 이에 다다르지 못하면 스스로를 부족하다고 생각합니다.

보여주기 위해 사는 인생은 그만두라

아르델은 요즘 들어 보이지 않는 압박을 받고 있습니다. "슬슬 안정된 삶을 살아야 하지 않아?"라고 말하는 주변 사람들은 내심 결혼을 통해 그녀가 한 남자와 안정된 관계를 유지하길 바라는 것 같다고 했지요. 목수가 되고 싶던 위베르는 꿈을 접었습니다. 대신 아버지가 걸어온 길 그대로 국립고등공예학교를 졸업하고 대기업에 들어갔지요. 라파엘은 최근 극단적인 다이어트에 들어갔는데, 과체중인 사람들이 취업에 불리하다는 이야기를 들었기 때문입니다. 또한 안이 취향에 맞지 않는 요란스러운 옷차림을 하고 다니는 이유는 그저 '유행하기' 때문이지요. 비르지니는 주기적으로 인기가 좋고 유명한 이비자로 바캉스를 떠나곤 하는데, 사실 그녀는 어린 시절을 보낸 브르타뉴의 작은 시골 마을에 더 가고 싶어 한답니다.

저는 이런 사례를 끝도 없이 이야기할 수 있어요. 여러분들이 지루해할까 봐 이쯤에서 그만두도록 하겠습니다. 이처럼 우리는 획일화된 모델이 지배하는 사회에 살고 있습니다. 외모가 아름다워야 하고, 날씬해야 하고, 유행을 따라야 하며, 그럴듯한 직업을 가져야 하고, 결혼도 해야 하고, 아이가 있어야 하고, 사람들이 추천하는 여행지, 누구나 꿈꾸는 휴가지로 정기적으로 여행을 해야 한다고 믿는 거지요. "난 저걸 가지지 못했으니, 내 인생은 실패야."

분명히 말하지만 그렇지 않습니다. 특정 모델을 만들어 그에 따라 자기 인생을 필사적으로 맞춰가려고 하는 것은 자기 자신을 괴롭히기 딱 좋은 방법입니다. 그러나 여전히 수많은 사람들이 이런 굴레에서 벗어나지 못합니다. 안타깝게도 이런 악의 굴레는 삶의 다양한 영역에서 빈번하게 발생하곤 하지요.

당신의 현실이 불만족스러운 이유

인생은 화면 너머 SNS 세상이나 광고와는 다릅니다. 미디어에서 보여주는 많은 것들은 우리를 끊임없이 비교하게 하고, 불만족과 좌절을 안겨 줍니다. 언뜻 본 '완벽한 삶'에 올라서기 위해 우리는 현재의 기쁨과 행복을 누리지 못한 채 아등바등 사는 것을 선택합니다.

물론 이런 성공을 향한 꿈이 모조리 쓸모없다는 말은 아닙니다. 우리는 누구나 한 조각 꿈을 품고 있지요. 종종 그 꿈이 도달

할 수 없을 것만 같았던 곳으로 나를 이끄는 원동력이 되기도 합니다. 더욱 설레고 충만한 방식으로 미래를 그리도록 도와주기도 하지요.

하지만 그저 사회가 정한 꿈에 맞춰 내 인생을 밀어 넣는 것은 멈춰야 합니다. 자기만의 기준을 세워 꿈을 꾼다면 더할 나위 없이 좋겠네요. 그러기 위해서는 꿈이 가리키는 방향으로 살아가기 위해 직접 부딪쳐 노력해야 합니다. 어떤 순간에는 불운을 겪기도 하고, 피하고 싶은 현실을 마주하기도 하겠지요. 인생에 정해진 길은 없으니 '완벽한 삶'이라는 덫에 걸려 좌절하지 말고 여러분도 자신만의 꿈을 찾아 앞으로 나아가길 바랍니다.

타인의 시선에 얽매이지 말고 자유롭게

우리가 타인의 시선에 얽매이는 이유는 모든 사람들이 나를 주시하고 있다는 말도 안 되는 착각이 자리 잡고 있기 때문입니다. 이와 관련한 재미있는 실험 얘기를 해볼까요? 심리학자 토머스 길로비치는 실험 참가자들에게 한 코미디언의 얼굴이 부끄러울 정도로 크게 그려진 티셔츠를 입혔습니다. 그리고 평범한 옷을 입은 다섯 명의 학생들과 잠시 동안 의자에 함께 앉아 있도록 했지요. 우스꽝스러운 옷을 입은 참가자들은 얼굴이 빨개지고 식은땀이 날 정도로 부끄러워했어요. 실험이 끝난 뒤, 참가자에게 "당신의 촌스러운 옷차림을 눈치챈 사람이 몇 명이나 될까요?"라고 물었습니다. 참가자들은 함께 있던 학생들의 50퍼센트가 자신을 기억할 거라고 말했습니다. 하지만 정작 그의 옷차림을 기억한 사람은 10퍼센트도 되지 않았어요. 참가자들은 실제 이상으로 다른 사람이 자신의 모습에 주목할 것으로 생각했던 것이지요.

사람들은 생각보다 타인의 행동에 관심이 없습니다. 오직 '나'만이 '나'에 대해 무척이나 관심이 많을 뿐이지요. 어쩌면 이 사실이 당신을 슬프게 만들지도 모르겠습니다. 타인에게 관심과 인정을 받고 싶은 건 누구나 가지고 있는 강렬한 욕망이니까요. 그러니 이제 '보여 주기식'으로 사는 것은 그만두고 타인의 삶에 얽매이지 말고 자유롭게 살아 봅시다.

여태껏 너무 많은 시간을 거울 앞에서 보냈다

세실은 제가 실제로 본 여자들 가운데 가장 예쁜 사람이었습니다. 170센티미터가 훌쩍 넘는 키에 날씬한 몸매, 우아한 얼굴은 배우 같았고, 언제나 고급스러운 옷과 구두, 스카프로 멋을 내어 흠잡을 구석이 없었지요. 그녀의 아름다움은 타인의 시선을 사로잡을 만해서 그녀가 심리학 카페에 오는 날은 분위기가 화사하게 살아나곤 했습니다. 그러나 단 한 사람, 그녀만큼은 그 사실을 알아차리지 못했습니다.

조금만 더 예뻤으면 좋았을 텐데

세상에서 세실을 가장 못마땅하게 생각하는 사람은 놀랍게도 바로 그녀 자신이었습니다. 그녀는 자신이 뚱뚱하고 못생겼다고 생각해서 저체중임에도 불구하고 10년 넘게 다이어트를 계속해 왔습니다. 거식증과 폭식증을 오가는 식이장애로 고통을 겪고 난 그녀는 무리한 다이어트로 인해 극심한 스트레스와 체력 저하를 호소했습니다. 그 결과 평소 일에 집중하지 못해 회사 생활도 엉망이었지요. 또 그녀는 스무 살 때부터 거의 매년 성형수술을 받아왔습니다. 콤플렉스였던 코를 조금 손보자는 마음에서 시작된 성형수술은 점점 중독되어 갔습니다. 수술 직후엔 예뻐진 느낌이 들다가도 곧 부족하고 못난 부분이 눈에 띄어 수술을 멈출 수가 없었거든요. 세실은 수술 부위에 후유증이라도 생기면 어쩌나 전전긍긍하느라 언제나 마음이 편치 않았고, 남자 친구를 사귀게 되어도 성형 사실을 들킬까 봐 관계가 깊어질 만하면 헤어지곤 했습니다. 또 늘 유행에 걸맞은 옷과 신발을 사느라 빚에 허덕이고 있었습니다.

지금도 매우 아름다웠지만, 그녀는 예쁜 얼굴을 하고서도 자신감을 되찾지 못한 채 늘 불행하다고 느꼈습니다. 심리학 카페를 찾아온 그녀는 이렇게 말했습니다. "제 어릴 적 꿈은 바비 인형이었어요. 가느다란 허리와 긴 팔과 다리를 가진 사람이요."

세상에나, 사람이 아닌 인형을 꿈꾸다니요. 세실은 실현 불가능한 아름다움을 얻기 위해 씨름하느라 자신에게 큰 상처를 주고 있었습니다.

물론 세실의 경우는 당장 치료가 필요합니다. 흔한 일은 아니지만 그렇다고 그녀만이 이런 문제를 겪는 것은 아닙니다. 저는 정도의 차이만 있을 뿐 세실과 비슷한 고민을 하는 사람들을 너무도 많이 만났습니다. 그들은 미디어에 등장하는 배우들과 자신을 비교하며 누구보다 자신의 결함을 찾는 데 앞장섰습니다. '팔자 주름만 없으면 더 젊어 보일 텐데, 코만 오뚝하면 더 매력적일 텐데, 살만 빼면 더 예쁠 텐데…….' 그들은 매일 거울을 들여다보며 이상적인 아름다움과 자신을 비교하고 불만족스러워합니다. 어찌 보면 우리는 모두 외양적인 아름다움에 대한 숭배가 지나친 사회가 만들어 낸 비극 속의 주인공이 아닐까요?

성형과 명품이 인생을 바꿔 주지 못하는 까닭

우리 사회는 왜 이토록 지나칠 정도로 외양적인 아름다움을 중시하게 된 걸까요? 현대사회는 모든 게 빨리 돌아갑니다. 기술도 지식도 금방 쓸모없어지고, 이직이나 이사가 잦으니 인간관계도 오래가기 어렵게 됩니다. 그러다 보니 우리는 아주 짧은 시간에 그가 나에게 도움이 될 만한 사람인지를 판단해야 합니다. 그런데 오랫동안 한 사람을 이해하고 평가하기에는 주어진 시간이 너무도 짧지요. 이때 사람을 판단하는 기준은 성격이 아니라 외모나 옷차림처럼 한눈에 알아볼 수 있는 것들뿐입니다. 또 모든 것이 빠르게 변화하는 현대사회에서 중요한 것은 과거도, 미래도 아닌 바로 '지금'뿐이지요. 그래서 사람들은 더욱 자신의 겉모습에 모든 것을 걸게 됩니다. 쉽게 변하지 않는 나만의 정체성을 발견하는 일보다 다른 사람의 칭찬이나 말을 통해 나를 증명하는 일이 우선시됩니다. 사람들이 환호하는 미디어 속 배우처럼 자신의 겉모습을 바꾸고, 사람들이 선호하는 명품을 사서 그들의 인정을 받으려고 하는 것입니다.

물론 외적인 아름다움을 중시하는 데에는 사회적인 원인만 있는 것은 아닙니다. 외모에 지나치게 집착하는 사람들은 열등감이 강하거나 자신에 대한 불만족이 가득한 사람들이 대부분입니다. 그들은 성형수술과 같은 극단적인 방법으로 자신을 바꾸고 싶어 합니다. '변신 환상'에 의지하는 것이지요. 단 한 번에 전혀 다른 사람으로 변신하는 환상 말입니다. 동화에는 이런 변신 환상을 다루는 내용이 많습니다. 계모와 언니들의 구박을 받다가 한순간에 왕자와 결혼하게 되는 신데렐라, 왕자의 키스를 받아 마법에서 깨어나는 백설 공주, 천대받던 새끼 오리가 멋진 백조로 변신하는 미운 오리 새끼……. 동화 속 주인공들은 노력을 통해 꿈을 이루는 것이 아니라, 그저 원래 그렇게 태어났기 때문에 호사를 누립니다. 이런 동화는 사람들에게 노력해야 한다는 교훈보다 환상을 꿈꾸게 하지요. 좀 더 예뻐지고 멋있어지면 인생 역전을 할 수 있다는 생각을요.

프랑스에서 멋이란 어떤 삶을 살았는가로 결정된다

성형수술을 해서, 살을 빼서, 좋은 차를 사서, 비싼 옷을 입어서 인생을 한 번에 바꿔 버릴 수만 있다면 얼마나 좋겠습니까. 이 방법들이 가능하다면 저를 만나러 오는 모든 사람에게 그 방법을 적극적으로 추천할 것입니다. 그러나 우리의 현실은 결코 그렇게 돌아가지 않는 법이지요. 사람들이 선호하는 유행은 우리가 좇아가는 속도보다 훨씬 빠르게 변화합니다. 좋은 차를 사면 더 좋은 차가, 최신 유행의 옷을 사면 또 다른 신상품이, 비싼 명품을 장만하면 더 비싼 명품이 등장합니다. 이처럼 자본주의 사회는 끊임없이 우리의 욕망을 건드려 새로운 것을 사게 합니다. 다이어트와 성형에 돈을 쓰도록 부추기기도 하지요. 그러니 우리는 외모를 가꾸는 방법만으로는 자존감을 회복할 수 없습니다. 언제나 새롭게 등장하는 아름다움과 비교하면 내 자신은 언제나 부족하기 때문입니다.

더 큰 문제도 있습니다. 바로 내가 나를 소외시킨다는 점이지요. 쉽게 말해 내 몸을 마치 나와 다른 개체인 것처럼 자신의 것으로 느끼지 못하고 물건처럼 여기게 되는 것입니다. 정신 분석 이론가 파울 쉴더는 "신체 이미지는 자기 자신을 인식하는 기본 구성 요소"라고 말했습니다. 즉 나와 내가 아닌 것을 구별하는 자아의 원초적 구성 요소라는 뜻입니다. 그런데 신체를 나와 분리하고, 이를 마음에 들지 않아 하면 당연히 자아는 흔들리고 자긍심 역시 바닥으로 떨어지게 됩니다. 한마디로 자기 몸을 미워하는 이상 자기 자신을 결코 사랑할 수 없다는 말입니다.

겉모습은 내면의 공허함을 완벽하게 채워줄 수 없습니다. 내면의 공허함은 자기 삶이 중요하고 그 자체로 소중하다는 확신을 얻게 될 때에야 채워지는 것입니다. 물론 외모 가꾸기는 우리의 자신감을 크게 높여줄 수 있습니다. 하지만 그것은 내면의 가치와 외적인 아름다움을 분리할 때에만 가능합니다. 세계 최고의 석학 아인슈타인은 어설픈 외모를 언급하며 자신에게 조롱 아닌 조롱을 보내는 사람들을 향해 이렇게 말했습니다.

"만일 내용물보다 포장지가 더 좋다면 그거야말로 슬픈 상황이 아니겠는가."

포장지는 내용물을 돋보이게 하고, 선물에 대한 기대감을 한껏 높여 줍니다. 그러나 선물 없는 포장지는 무가치하지요. 포장지는 제 역할을 할 때에만 그 아름다움이 빛나는 법이니까요.

패션 잡지 〈보그〉의 전 편집장은 "유행이란 살 수 있는 것이다. 하지만 멋이란 사람이 반드시 가지고 있어야 한다."라는 말을 남겼다고 합니다. 참으로 맞는 말이지요. 이 나이가 되어 주위를 둘러보니 외모는 무척 우아하고 아름답지만 이야기를 나누면 지루한 사람들이 있지만, 아름답지 않아도 은근한 매력이 돋보이는 사람들이 있습니다. 그들은 인생을 단단하게 다져 오며 자기만의 독특한 무언가를 만들어 낸 사람들이지요. 이런 탄탄한 내공이야말로 쉽게 살 수도, 따라 할 수도 없는 자기만의 멋이 됩니다. 오래가는 멋은 결코 외양적인 아름다움에서 비롯되지 않는 법이란 걸 기억하세요.

내 인생을 좀먹는 무기력에서 벗어나는 방법

많은 사람들이 내담 과정에서 자주 문제 상황으로 되돌아가고자 하는 모습을 보입니다. 변화를 위한 과정이 결코 쉽지 않기 때문입니다. 변화 앞에서 과거를 움켜쥐고 버티는 사람들은 오히려 제게 묻습니다.

"노력하면 변할 수 있다고 생각하시나 본데, 그걸 어떻게 알 수 있지요? 그러다 잘못되면요? 지금이 더 나을지도 모르잖아요."

저도 그 고통과 불안을 알고 있습니다. 사소한 습관을 바꾸는 데에도 굳은 의지가 필요한데, 오래된 마음의 습관을 바꾸는 데에는 얼마나 큰 노력이 필요하겠습니까. 그래서 사람들은 때때로 변화해야 하고, 변화가 더 좋은 결과를 가져온다는 사실을 알면서도 익숙한 고통 속에서 살아가기를 택합니다. 마치 신발이 작아져서 발뒤꿈치에 상처가 나는데도 새 신발을 사지 않고 계속 옛날 신발을 신고 다니는 것과 비슷합니다. 또한 우리는 알 수 없는 대상 앞에 두려움을 느낍니다. 미래가 마냥 장밋빛으로 보이지 않는 것도 이 때문이겠지요. 하지만 두렵다는 이유로 시도조차 하지 않는 데에는 '나는 아무것도 바꿀 수 없다'는 무기력이 숨어 있습니다.

이 시대의 청춘이 무기력에 빠진 이유

스무 살의 라픽은 대학에서 법학을 전공한 첫해에 그 분야에 전혀 흥미가 없다는 걸 깨달았습니다. 그는 언어학부로 전공을 바꾸고 싶어서 교과 과정을 알아보고 교수들과의 면담도 마쳤습니다. 하지만 여전히 선택을 앞두고 주저하고 있었습니다. 공부는 재미없어도 법학과를 졸업해 변호사 자격증을 따면 안정적인 직업을 가질 수 있었으니까요. 반면 언어학부로 옮기면 장래는 불투명해졌습니다. 또 언어학 공부가 기대만큼 재미있고 잘할 수 있을 거라는 보장도 없는데 너무 무모한 선택이 아닌지 고민이 되었습니다. 이런저런 고민 끝에 라픽은 심리학 카페를 찾았습니다.

"저는 실패할 가능성이 조금이라도 있으면 선택하지 않아요.

이런 제가 너무 용기가 없는 걸까요?"

한때 도전이 청년들의 특권이던 시절이 있었습니다. 청년들은 겁 없이 오지를 여행하고, 창업하고, 더 나은 세상을 만들기 위해 다양한 활동을 했지요. 하지만 경제 사정이 나빠지면서 일자리가 줄고 복지 제도가 축소되자, 자연스레 청년들의 용기도 위축되었습니다. 종신 고용을 맺은 청년의 비율은 해마다 급감하고, 2~3개월짜리 단기 인턴이나 임시직으로 생활해 나가는 청년의 비율이 급증하자 청년들은 스스로를 '1,000유로 세대(한 달에 150만 원 안팎을 버는 세대)'라고 자조하기 시작했습니다. 암울한 현실 앞에서 도전은 실패를 감당할 물리적·심리적 여유를 감당할 수 있는 사람들의 배부른 소리가 되어 버렸습니다.

열심히 노력해도 정당한 결과를 얻을 수 없는 사회에서 사람들은 쉽게 무기력에 빠집니다. 눈앞에 어떤 일이 닥치든 자신의 힘으로는 처지를 바꿀 수 없다는 생각이 드는 것이지요. 심리학자 마틴 셀리그만은 '통제 불가능한 요소'를 무기력에 빠지는 원인으로 지목했습니다. 고통스럽고 절망적일수록 무기력에 빠지는 것이 아니라, 고통을 없앨 수 있는 수단을 가지고 있지 못할 때 무기력에 빠진다는 것입니다.

최선을 다해 일했지만 경영진의 실수로 회사가 경영난에 빠져 해고를 당할 때, 열심히 공부하여 대학을 졸업해도 일자리를 구하기 어려울 때, 아무리 검소하게 생활해도 대출금을 갚기는 커녕 또 대출을 받아야 할 때 우리는 무기력에 빠집니다. 이처럼 자신의 노력과 행동이 결과에 영향을 미치지 못하는 상태에 놓이면 좌절감에 휩싸이고 심하면 무력감을 느끼는 것이지요. 혹시 당신도 '어차피 내가 할 수 있는 건 아무것도 없어'라는 생각에 아무것도 하지 않으려 하고, 나는 뭘 해도 안 된다는 패배감에 젖어 있으며, '열심히 하는 게 무슨 의미가 있지?' 하며 냉소적인 태도를 보이고 있진 않으신가요?

바쁘다고 괜찮은 것은 아니다

무기력이라고 하면 아무것도 하지 않고 축 늘어져 있는 모습을 떠올리기 쉽지만 사실 무기력이 이렇게 지독한 수동성으로만 나타나는 것은 아닙니다. 매일 바쁘게 사는 사람들도 알고 보면 무기력한 상태에 놓인 경우가 많습니다. 앞서 이야기했던 라픽도 이런 유형이었습니다. 그는 아침엔 운동하고, 낮에는 대학 과제를 하고, 저녁엔 친구를 만나거나 아르바이트를 하는 등 엄청나게 빡빡한 일정을 소화하고 있었습니다. 하지만 정작 가장 중요한 자신의 진로를 고민하는 시간은 갖지 않았습니다. 언어학 공부가 잘 맞는지 알아보려면 강의도 들어 보고 책도 봐야 할 텐데, 늘 피곤하다는 이유로 가장 중요한 일을 내일로 미뤘습니다.

무기력에 빠지면 괜히 피곤하고 만사가 귀찮아집니다. 그러나 뭐든 잘해야 한다는 완벽주의적인 성향이 강한 사람일수록 가만히 있으면 왠지 불안해지는 탓에 손에 잡히는 대로 이것저것 해야만 하지요. 하지만 정작 중요한 일에는 집중하지 못합니다. 무의식 속에는 '어차피 해도 안 될 테니, 차라리 안 하는 게 낫다'는 생각이 있기 때문입니다. 이런 유형의 사람들은 무언가를 열심히 했다는 사실에 만족하지만, 마음 한편에는 여전히 불안감을 떨쳐 내지 못합니다. 이처럼 중요한 일에 쏟아야 할 에너지를 부수적인 데 쓰는 이들은 '은밀한 무기력'에 빠진 사람들입니다. 이들은 에너지를 허투루 낭비하는 악순환에 빠져 바쁘게 살면서도 공허해하고, 열심히 하는데도 뭔가 껍데기 같은 삶을 살고 있다고 느낍니다.

내 삶을 갉아먹는 무기력 극복하기

사회 심리학자 로터는 "상황이나 문제를 스스로 통제할 수 있다고 믿는 사람은 쉽게 무기력에 빠지지 않는다. 그러나 그럴 수 없다고 생각할 때 우리는 무기력에 빠진다."라고 말했습니다. 본디 한 치 앞도 내다볼 수 없는 게 인생인데, 완벽하게 통제할 수 있는 것들이 그리 많을까요? 우리는 남의 마음을 어찌할 수도 없고, 사는 환경도 뜻대로 바꿀 수 없습니다. 그러나 반대로 완벽히 통제당하는 상황 또한 많지 않지요. 사람은 아무리 혹독한 환경에 처해도 삶의 의미와 목적을 스스로 결정할 수 있는 마지막 자유를 가지고 있기 때문입니다. 그러니 무기력에서 벗어나기 위해서는 현 상황에서 통제할 수 있는 요소가 무엇인지를 분명하게 깨닫는 일이 무엇보다 중요합니다.

베트남 전쟁 당시 포로수용소에 8년간 갇혀 있다 풀려난 미군 장교 짐 스톡데일은 수용소에서의 생활을 가장 견디기 힘들어 하는 사람들은 어떤 사람이었는지 질문에 '대책 없는 낙관주의자들'이라고 답했습니다. 그들은 연말이 다가오면 자신이 크리스마스 특사로 수용소에서 나갈 것이라고 믿었고, 크리스마스가 지나면 부활절 특사로 풀려날 거라 기대했습니다. 그러다 부활절에도 나가지 못하면 다시 추수 감사절을, 그다음 크리스마스를 기다렸지요. 그렇게 석방될 날만 기다리던 병사들은 결국 수용소에서 나갈 수 없다는 사실을 깨달았을 때 크게 상심하며 죽어 갔다고 합니다. 반면 냉철하게 현실을 직시한 사람들은 마지막까지 살아남는 비율이 높았고요. 그들은 죽을 수도 있다는 상황을 인정하면서도 살아야 할 이유와 의지를 놓지 않았기 때문에 매일 참고 견디며 조용히 자신을 단련했습니다. 즉 혹독한 환경에서도 살아남는 이들은 그 안에서 자신이 통제할 수 있는 요소를 찾아냈던 것입니다.

무기력은 너무도 달콤하지요. 포기해 버리면 좌절을 겪을 일도 없으니까요. 그러나 세상살이가 뜻대로 되지 않는다고 해서 나까지 내 인생을 내버려 두어선 안 됩니다. 주어진 상황에서 내가 할 수 있는 일을 해 나가는 것, 인생의 만족도는 여기에 달려 있다고 해도 과언이 아닙니다. '실패하면 어떡하지?', '어차피 안 될 텐데' 하는 무력감이 고개를 들 때면 냉정히 현실을 직시하되 내 힘으로 할 수 있는 것들을 찾아보세요.

무기력은 쉽게 말해 '하고 싶어도 에너지가 바닥이 나 아무것도 못 하는 상태'입니다. 그런데도 무기력에서 벗어나기 위해 부수적인 일에 에너지를 탕진하고 나면 결국 더 무기력한 상태에 빠져버립니다. 차라리 이 무기력이 오래 지속될지도 모른다는 사실을 인정하고 자신에게 시간을 주세요. 무작정 바쁘게 살지 말고 진짜 하고 싶은 일이 무엇인지, 어떻게 살고 싶은지 진지하게 물어보는 것입니다. 조급함은 금물입니다. 지금 당신에게 필요한 것은 인내이니까요.

무기력에 머물고자 하는 사람은 아무도 없습니다. 살아 있는 한 내가 하고 싶은 대로 이것저것 하며 살고 싶은 것이 우리의 본성입니다. 비록 지금은 뭘 해도 안 될 것 같고, 아무것도 하고 싶지 않을지라도 언젠가 무기력을 끝내고 다시 앞으로 걸어 나갈 거예요. 그러니 당신 자신을 믿으세요. 지금은 그것만으로 충분합니다.

무엇이든 즐기면서 오래 하는 사람들의 비밀

모래 장난을 하는 아이들은 멋진 모래성을 쌓고도 미련 없이 부수고 또다시 성을 쌓기 시작합니다. 누군가의 인정을 받기 위해서 혹은 혼나지 않으려고 성을 만드는 게 아니라 그저 그 자체를 재미있는 놀이로 즐깁니다. 이처럼 아이들은 누가 시키지 않아도 호기심으로 움직이며, 더 많이 알고 싶어 하고 더 잘하고 싶어 합니다.

반면에 어른들은 아이들이 뭔가를 잘하면 칭찬해 주고, 잘못하면 처벌을 내립니다. 그리고 경쟁을 붙여서 더 잘하게 하려고 하고, 장난감이나 게임기를 사 주며 노력을 은근히 강요하기도 합니다. 이런 보상과 처벌에 익숙해지면서 아이들은 내면의 빛나는 호기심 대신 사회의 요구를 우선하게 됩니다. 누군가의 지시에 따라 움직이고, 이득이나 위협을 느끼지 않으면 아무것도 하지 않는 거지요. 공부나 업무 자체에 흥미를 잃고, 무엇을 해도 무기력한 어른이 되는 겁니다.

그러나 우리 내면에는 스스로 결정하고, 즐겁고 재미있게 일하고, 더 잘하고 싶어 하는 욕구가 있습니다. 그리고 이러한 욕구에 의해 움직일 때, 즉 외적 동기보다 내적 동기에 따를 때 우리는 어떤 일을 하든 즐기면서 오래 하는 힘이 생깁니다.

몇 년 전 구두를 고칠 일이 있어 30년 동안 구두를 고쳐 온 할아버지를 만난 일이 있었습니다. 어디가 문제인지 단순하게 묻는 일반적인 수선공과 다르게, 그는 오래 신으면 발이 꽉 끼이지는 않는지, 발뒤꿈치가 아프진 않은지 이것저것 물었습니다. 그리고 며칠 후 찾은 구두는 전보다 훨씬 편하고 깨끗해져 있었지요. 문제인 부분 외에도 여러 군데를 수선해 주었기 때문입니다. 그는 자신을 단순한 구두 수선공이라고 생각하지 않고, 파리 시민의 발 건강을 책임지는 일을 하고 있다고 생각했습니다. 그래서 30년이라는 긴 시간 동안 지치지 않고 의욕적으로 일할 수 있었을 테지요.

의미 있거나 가치 있는 일을 하고 있다고 생각하는 사람은 힘들어도 즐겁게 그 일을 할 수 있습니다. 즉 일의 가치를 알고 있는 사람은 내적 동기에 따라 행동하는 것이지요. 그러니 무기력증에 빠져 있다면 지금 하는 일의 가치를 찾아보세요. 자기 일에 의미와 가치를 부여할 수 있다면 점점 일을 좋아하는 마음이 생길 거예요.

어차피 인생에 완벽한 선택이란 없다

언제나 사람들의 말을 잘 들어주고, 자기 의견만 내세우거나 다른 이를 비판하는 법이 없는 파트릭은 우리 심리학 카페에서 가장 인기 많은 사람 중 한 명이었습니다. 겉으로 보는 그는 모두의 의견을 존중하는 온화한 사람이었습니다. 그러나 그의 온화함에는 작은 것도 쉽게 선택하지 못하는 우유부단함이 숨어 있었습니다. 그는 결정을 내리는 일을 힘들어했기에, 어떤 사안이든 사람들의 의견에 따라 쉽게 마음을 바꾸었습니다. 물건을 살 때도 '더 싼 곳이 있으면 어쩌지? 언젠가 깜짝 할인 행사를 할지도 모르잖아?'라는 생각에 선뜻 물건을 집어 들지 못했고, 친구들을 만날 때는 약속 장소를 정하지 못해 스트레스를 받았습니다. 심지어 지금보다 더 좋은 조건으로 이직 제의가 왔을 때도 결정을 미루다가 그 기회를 놓쳐 버린 일도 있었습니다. 무엇이든 결정을 잘 못 하는 파트릭은 일에 우선순위를 매기는 것도 힘들어했습니다.

"요즘은 정말 사는 것 같지 않아요. 아내는 왜 저를 못 잡아먹어서 안달일까요. 아이들도 마찬가지고요. 아르튀르는 작문 시험에서 고작 40점을 맞았더군요. 저는 또 어떻고요. 이틀 전에 회사에서 열린 연례 회의에서 제가 발표를 맡았는데 완전히 망쳐 버렸어요. 아, 다행히 좋은 소식이 하나 있네요. 며칠 전에 받았던 조직검사 결과가 나왔는데 음성이래요."

저는 탄식을 내뱉을 뻔했습니다. 어떻게 가장 중요한 조직검사 결과를 아이의 작문 점수보다 뒤늦게 말할 수 있을까요?

저는 그에게 모든 문제에 대해 1점부터 10점까지 점수를 매기도록 했습니다. 이는 대부분의 사람들에겐 꽤 간단한 일이지만 파트릭은 무척이나 어려워했습니다. 그는 지금까지 자신에게 가장 중요한 것이 무엇인지 결정하는 데 매번 긴 시간을 보내야 했습니다. 우선순위가 없으니 회사생활도 점점 엉망이 되어 버리고 말았지요. 가장 중요한 일을 빠뜨리거나, 마감이 코앞에 닥치면 대충 해서 제출하는 일이 빈번했습니다.

선택지가 많아지면 더 만족스러운 결정을 내릴 수 있을까?

파트릭의 이야기가 자신의 이야기 같은 사람들이 많을 겁니다. 무엇이든 스스로 결정하기를 어려워하는 사람은 많으니까요. 정말 많은 사람들이 제게 와 이렇게 묻습니다.

"지금 만나는 이 남자와 결혼하는 게 좋을까요?", "퇴사하고 다른 일을 알아볼까요?", "제가 잘하는 게 도대체 뭘까요?"

마치 점쟁이를 찾아온 것처럼 그들은 인생의 중요한 선택을 대신 해 달라며 찾아오지요.

이토록 많은 이들이 선택을 어려워하는 데에는 몇 가지 이유가 있습니다. 첫째, 현대사회에 들어서면서 선택의 기회가 많아졌기 때문입니다. 과거에는 어떤 신분의 부모 밑에서 태어나느냐에 따라 배우자나 직업, 사는 곳, 사는 방식이 대부분 정해져 있었습니다. 중요한 결정은 대부분 가족과 집단 내에서 이루어졌지요. 그러나 현대사회에는 많은 것들이 개인의 선택에 달려 있습니다. 결혼, 출산 등 당연히 해야 했던 일들에 선택지가 생겼고, 어디서 살지, 어떤 일을 할지와 같은 중요한 문제뿐만 아니라 점심으로 뭘 먹을지, 누구와 먹을지 등 사소한 것까지 선택의 영역에 들어오고야 말았습니다. 결국 우리는 수많은 선택에

압도되어 쩔쩔매는 상황에 놓이게 됐습니다. 이에 대해 독일의 심리학자 바스 카스트는 이렇게 말했습니다. "자신의 운명을 스스로 결정하지 못하던 속박의 상황에서, 끊임없이 결정해야 하는 속박의 상황으로 바뀌었다."

둘째, 선택지가 일정 범위를 넘어가면 선택이 점점 어려워질 뿐만 아니라 만족도 역시 떨어집니다. 남자 친구를 찾는 여자를 떠올려 볼까요? 예전에는 주변 사람이나 지인의 소개로 만나는 몇몇 사람 중에 고르는 정도였다면, 요즘은 인터넷상에서도 데이트 가능한 상대를 찾을 수 있습니다. 그러다 보니 언젠가 더 좋은 사람이 나타날지도 모른다는 생각에 꽤 괜찮은 남자를 만나고도 연애나 결혼을 주저하게 됩니다. 그렇게 선택을 미루다 보면 시간에 쫓겨 더 나쁜 선택을 하게 될 때도 있습니다. 이처럼 과도한 선택권이 주어지면 소수의 선택권이 주어졌을 때보다 악수를 두거나 심지어 결정 자체를 포기하는 일도 있습니다. 이를 두고 미국의 심리학자 배리 슈워츠는 '선택의 역설'이라고 명명했지요.

셋째는 수많은 선택의 기회 앞에서 자신이 무엇을 원하는지 정확히 모르기 때문입니다. 이제는 뭐든지 선택해야 하는 현대 사회가 피곤하게 느껴질 수도 있을 겁니다. 그렇지만 자기 기준이 뚜렷한 사람은 선택이 괴롭지만은 않을 거예요. 자기 기준이 불분명할수록 끊임없이 다른 가능성을 떠올리며 계산할 뿐 선택하지 못합니다. 자기 기준이 없으니 어느 것 하나 놓치고 싶지 않은 욕심이 계속 생기고, 잘못된 결정을 내릴 때의 책임은 피하고 싶기 때문입니다. 그래서 점점 자신이 아닌 다른 사람에게 의견을 묻고 바깥에서 답을 찾으려고 합니다.

선택이 어려울 땐 목표를 분명히 하자

독일의 리더십 전문가 라인하르트 슈프렝어는 이렇게 말했습니다. "한 번쯤 삶에 대해 심각하고 엄숙한 태도로 시간을 내어 찬찬히 생각해 본다면 틀림없이 당신도 인정하게 될 것이다. 당신 스스로 이 모든 것을 선택했다는 사실을!"

사실 지금 당신의 현실은 모두 당신이 선택한 결과입니다. 잘못된 선택뿐만 아니라 선택을 미루는 것 또한 자신의 선택이니 말이에요. 그러나 자꾸만 선택을 미루면 우리는 결국 아무것도 이룰 수도, 느낄 수도 없게 됩니다. 다시 말해 성장의 기회를 스스로 날려 버리게 되는 것이지요.

결정하는 일도 연습이 필요합니다. 우리는 선택하고 실패하면서 조금씩 자신에 대해 더 많이 알아 갑니다. 그러니 선택의 결과를 너무 두려워하지 말고 내면의 소리에 귀 기울여 답을 찾아

보세요. 그 누구도 나보다 더 만족스러운 결정을 내려 주지 못합니다. 이런 생각으로 인생의 중요한 결정을 스스로 내리는 훈련을 하다 보면 어느새 다른 사람에게 기대지 않고 살아가는 자율적인 사람이 될 수 있습니다.

후회 없는 완벽한 선택을 하겠다는 욕심은 버리도록 합시다. 우리는 선택지가 늘어날수록 최고의 선택을 해야 한다는 압박감에 시달립니다. 왜냐하면 포기해야 하는 선택지가 많아질수록 그것을 기회비용으로 느끼기 때문에 온갖 비교 끝에 결정한 단 하나의 선택이 그 모든 기회비용을 상쇄할 만큼 최고의 선택이어야 한다는 함정에 빠져 버리는 것입니다. 그러나 기대가 크면 실망도 큰 법이지요. 우리는 웬만한 경우가 아니고서야 자신의 결정에 만족스러워하지 못합니다.

좋은 선택이란 완벽한 선택이 아닌 상황에 맞게 적절하게 내리는 결정입니다. 선택에는 늘 목적이 있습니다. 배우자를 고르는 목적은 그와 함께 오래도록 행복한 시간을 보내기 위함이고, 친구와 약속 장소를 고르는 목적은 함께 즐거운 추억을 만들기 위해서지요. 그런데 무결점의 선택을 하겠다고 나서면, 선택 자체에 매몰되어 목적을 잃어버리는 경우가 부지기수입니다. 끝없이 이성의 조건을 따지느라 아무도 만나지 않는다거나, 약속 장소를 고르느라 스트레스를 받아 친구와의 만남 자체가 부담스러워지는 것입니다. 따라서 선택 자체에 매몰되지 않도록 적정선의 기준을 가지고 고민을 멈춰야 합니다. 그다음 그 결정이 좋은 결과로 이어지도록 노력하면 됩니다. 선택은 선택의 순간뿐 아니라 선택 후의 과정에 따라 그 만족도가 달라진다는 사실을 잊지 마세요.

하버드 대학교의 심리학자 대니얼 길버트는 이렇게 말했습니다. "우리는 오직 희망을 찾아야 할 때만 희망을 발견하려고 한다. 운명을 피할 수 없을 때, 도망칠 수 없을 때, 그리고 취소할 수 없을 때 비로소 우리의 운명에서 긍정적인 면을 발견하고자 한다."

우리는 살아가면서 수많은 선택을 해야만 합니다. 그때마다 '다른 것을 선택했다면 어땠을까' 하는 후회에 휩싸이실 건가요? 그것만큼 에너지를 낭비하는 일도 없을 겁니다. 그러니 결정하고 난 다음에는 뒤돌아보지 마세요. 어차피 일어난 일이잖아요. 그렇게 내 선택을 긍정적으로 수용할 때에만 우리는 결정에 대한 장점을 훨씬 많이 발견하게 됩니다.

혼자 있는 시간을 즐길 줄 아는 사람이 되라

종종 눈코 뜰 새 없이 바빠 얼굴 한 번 제대로 보기 힘든 사람들이 있습니다. 그들은 끊임없이 새로운 사람을 만나고, 일주일 내내 한시도 쉬지 않고 약속을 잡거나 잠시도 쉬지 않고 계속해서 쏟아지는 해야 할 일들을 일정에 채워 넣기 바쁩니다. 그런 사람들을 보면 굉장히 능력이 좋아 보이기도 하고, 인생을 보람차게 사는 것 같아 부럽기도 합니다. 때로는 그들처럼 바쁘지 못한 내 삶이 왠지 초라해 보이기도 하지요.

'이렇게 빈둥거리면 안 돼. 미뤄 온 영어 공부라도 빨리 시작해야 해. 운동도 시작해야 할 텐데…….'

이런 생각이 들면서 갑자기 조바심이 나고 뭐라도 해야 할 것 같은 초조함이 온몸을 감쌉니다.

인간관계에서도 마찬가지입니다. 누군가와 함께하지 못하고 혼자 있는 시간이 늘어날수록 외롭고 불안해지지요. 남들은 애인이든 친구든 잘만 만드는데, 나만 혼자 있는 것 같아 불안하기도 하고 어딘가 모자란 건 아닌지 걱정이 되기도 합니다. 지금 우리가 사는 세상은 어쩌면 바쁨을 적극적으로 권유하고 있을지도 모르겠네요. 마치 바쁘지 않은 삶은 가치 없다고 말하는 것 같은 생각이 듭니다.

무언가로 꽉 찬 삶이 꼭 좋은 삶은 아니다

카페를 찾아온 카티아는 바쁜 인생을 사는 사람 중 한 명이었습니다. 늘 분주하게 살아가는 그녀를 두고 친구들은 '에너자이저'라는 별명을 붙여 주었습니다. 그녀의 달력에는 봉사 활동, 쇼핑, 요리 교실, 영화 감상 등 매일 저녁 다양한 일정이 있었고, 주말마다 다른 친구들과 약속을 잡았지요. 게다가 그녀는 연애에서도 화려한 경력을 자랑했습니다. 열일곱 살 때 남자 친구를 사귀기 시작한 이후로 수많은 사람들이 그녀의 옆자리를 채우고 떠나기를 반복했습니다. 몇 명이나 사귀었는지 헷갈릴 정도였어요. 이런 생활이 무언가 잘못되었다고 생각한 카티아는 심리학 카페를 찾았습니다.

“전 혼자 있는 시간을 견딜 수가 없어요. 옆에 누가 없으면 공포에 질릴 정도에요. 늘 저한테 관심을 쏟아 주는 사람이 필요한 것 같아요. 그런데 웃기는 건, 한 달 이상 관계를 이어 나가지 못한다는 거예요. 내 모든 걸 줄 수 있을 정도로 상대에게 빠져들다가도 금세 식어 헤어지고 또 다른 사람을 만나고……. 저도 이런 제가 한심해요. 하지만 혼자 있는 게 너무 무서운걸요. 아무도 내 곁에 없다는 사실을 참아내기가 힘들어요.”

그녀는 자기 고민을 얘기하면서도 초조해했습니다. 상담이 끝난 뒤에 있을 약속에 늦을까 봐 불안했던 겁니다. 그녀는 계속 시간을 확인하고 있었습니다. 카티아는 한시도 쉬지 않고 이 사람 저 사람 옮겨 가며 연애를 했던 방식대로 자기 시간을 할애하고 있었습니다. 빡빡한 일정 때문에 힘들지 않으냐는 나의 물음에 카티아는 오히려 이렇게 말했습니다.

“아무것도 하지 않는 건 시간 낭비잖아요! 바쁘게 살지 않으면 제 인생이 헛되이 흘러 버릴 것 같은걸요.”

여러분도 그렇게 생각하시나요? 하지만 카티아처럼 조금도 쉬지 않고 너무 많은 약속을 만들거나 할 일들을 이어 가다 보면 정작 자기 자신에 대해 깊이 생각할 시간을 쓸 수 없습니다. 내가 지금 뭘 하고 있는지, 어떤 인생을 살고 싶은지, 진짜 원하는 것과 원하지 않는 것이 무엇인지를 곰곰이 따질 겨를이 없는 것입니다. 카티아는 분명 의미 있고 보람찬 삶을 꾸려 가고 있다고 생각하겠지만, 바쁘게 살면 살수록 마음이 더 공허해지는 것도 그 때문입니다.

고독의 시간을 고통스러워하는 사람들

카티아와 비슷한 문제를 겪고 있는 사람들의 이야기를 듣다 보니, 대부분 혼자 있을 때의 외로움을 견디지 못해서 자꾸 약속을 잡거나 사람을 만나려고 한다는 사실을 깨달았습니다. 이는 사회가 혼자 있는 시간을 고독이나 외로움이라는 부정적인 감정과 연관 지어 바라보는 경향이 있기 때문입니다.

고독과 외로움은 마치 우리를 '아무것도 아닌 존재'나 '벌거벗은 존재'로 느끼게 합니다. 그런 느낌을 피하기 위해 우리는 혼자 있는 시간을 피하고 강박적으로 타인과 관계를 맺음으로써 빈칸을 채우려 노력합니다. 하지만 종교철학자 폴 틸리히에에 따르면 혼자 있는 시간은 두 가지 외로움으로 나뉜다고 합니다. 첫째는 혼자 있는 시간이 고통인 '론리니스Loneliness'이고, 둘째는 혼자 있는 시간이 즐거움인 '솔리튜드Solitude'입니다. 솔리튜드란 혼자 있는 시간에 나만이 들어갈 수 있는 내적 공간을 적극적으로 가꾸어, 보다 창조적인 상태로 도약할 수 있는 상태를 의미합니다. 그러니까 외로운 시기를 그저 황폐한 시간이나 무언가로 채워야 하는 시간이 아니라 나 자신을 충만하게 만드는 시간으로 보는 시각으로 바꿔야 합니다.

또한 혼자 있는 시간은 타인과의 관계 단절을 의미하는 것이 아니라 더욱 튼튼한 관계를 맺을 수 있도록 도와주는 소중한 시간입니다. 우리는 남들과 잠시 떨어져 있을 때 곁에 있는 사람들의 소중함을 느낄 수 있습니다. 그리고 그와 함께할 때 당연하게 여겼던 것들에 대해 감사한 마음을 갖게 되지요. 그런 과정을 통해 우리는 상대방을 파괴하지 않고 질식시키지 않는 건강한 관계를 맺을 수 있습니다.

우리의 인생에는 늘 적당한 쉼표가 필요하다

한편 인생의 빈틈을 허락하지 않는 사람들의 마음속에는 앞서 말한 외로움뿐만 아니라 '남들보다 뒤처져서는 안 된다'는 불안감이 도사리고 있는 경우가 많습니다. 문제는 이런 불안감이 본인뿐만 아니라 주위 사람들에게조차 피해를 주는 상황을 만들기도 한다는 점입니다. 카페 단골손님인 마거릿과 사만다의 경우가 그랬지요. 언젠가 그들이 아이들에 대해 나누는 대화를 듣고 저는 놀라움을 감출 수 없었습니다.

마거릿: 클로에는 수요일마다 뭘 해요?

사만다: 10시엔 승마 연습이 있고, 그 뒤엔 두 시간 동안 영어 말하기 과외를 해요. 오후 4시에는 댄스 수업을 듣고 6시 반에 집에 돌아오면 바로 학교 숙제를 하고요. 테오는요?

마거릿: 테오는 글쎄, 아무것도 안 하겠다지 뭐예요. 그래서 내가 대신 축구랑 피아노를 등록시켰어요. 아무래도 테오도 영어를 시켜야겠는데요? 난 테오가 빈둥대는 걸 원하지 않거든요.

그들은 자신이 부모로서 최선을 다한다고 생각하겠지만, 실은 아이들에게 조금의 숨통도 트여주지 않고 계속 무언가를 하게끔 강요하고 있는 것과 다름없었습니다. 이런 상황은 다른 아이들보다 내 아이를 더 바쁜 사람으로는 만들 수 있겠지만 더 나은 사람으로 만들 수는 없습니다. 아무것도 안 하는 시간 동안 아이들은 자기가 진짜 원하는 일을 깨닫게 되고, 스스로 해야 할 일을 찾아 자기 힘으로 수행해 나가는 과정을 배웁니다. 그런데 그 소중한 시간을 부모가 대신 채워 넣고 간섭하게 되면, 아이는 점점 더 수동적이게 되고 어른이 될 때까지 자기 삶을 살아 내는 능력을 발전시키지 못합니다.

인생에는 적절한 쉼표가 필요한 법입니다. '아무것도 안 하는 시간'은 뭔가를 해야 한다는 강박을 멈추게 하고 굳어져 버린 생각의 족쇄에서 우리를 풀어 주는 역할을 합니다. 우리는 그 시간을 이용해 평소에 생각해 보지 못했던 것, 시도해 보지 못한 것을 떠올리는 창조적인 시간을 보냅니다. 좀 더 색다른 방향으로 사고를 발전시켜 나가기도 하지요. 그러니 결국 아무것도 안 하는 시간을 즐기고 제대로 활용하는 사람이 나중에 어떤 일을 하든 더 '잘하는' 사람이 되는 겁니다.

삶에 무엇을 채울 것인가를 선택하는 것은 그 삶을 살아가는 나의 권한입니다. 내가 아닌 다른 사람이 채워 넣은 인생을 살다 보면 나는 영원히 '진정한' 삶의 주인이 될 수 없습니다. 진짜 내 것을 얻기 위해서는 액셀러레이터에서 발을 떼어 속도를 늦추고, 자신의 선택에 대해 질문하는 시간이 반드시 필요합니다. 그런 의미에서 아무것도 하지 않는 시간은 지워 버려야 할 권태와 불안의 시간이 아니라 우리가 스스로를 찬찬히 돌아보고 판단할 수 있게 하는 기쁨과 축복의 시간입니다.

그러니 아무것도 하지 않는 시간을 기꺼이 받아들이고 만끽해 보세요. 아까운 시간을 허비하고 있다는 생각으로 초조해하거나 두려워하지 말고, 그 시간을 긍정적으로 활용해 봅시다. 결국 당신은 깨닫게 될 거예요. 그 시간이 있었기에 진정 풍요로운 삶을 살 수 있었다는 것을요.

지금 이 순간, 숨 가쁘게 어디론가 향하고 있다면 잠시 멈추어 서서 자문해 보라. 나는 도대체 무엇을 원하는 것일까? 내가 가고자 하는 곳은 어디인가? 내가 진정으로 그리워하는 것은 무엇인가?

—안젤름 그륀, 『하루를 살아도 행복하게』

옮긴이 **김미정**

이화여자대학교 불문학과와 이화여자대학교 통역번역대학원 한불번역학과를 졸업했다. 출판사에서 편집자로 일하다, 현재는 번역가로 활동 중이다. 옮긴 책으로 《어린 왕자》, 《알레나의 채소밭》, 《부모 번아웃》, 《고양이가 사랑한 파리》 등이 있다.

흔들리는 삶의 중심을 되찾는 29가지 마음 수업

파리의 심리학 카페

초판 1쇄 발행 2023년 9월 1일
초판 6쇄 발행 2024년 12월 16일

지은이 모드 르안
옮긴이 김미정
펴낸이 김선식, 이주화

콘텐츠 개발팀 이동현, 임지연
콘텐츠 마케팅팀 안주희
디자인 STUDIO 보글
일러스트 메종 드 광렬

펴낸곳 ㈜클랩북스 **출판등록** 2022년 5월 12일 제2022-000129호
주소 서울시 마포구 어울마당로3길 5, 201호
전화 02-332-5246 **팩스** 0504-255-5246
이메일 clab22@clabbooks.com
인스타그램 instagram.com/clabbooks
페이스북 facebook.com/clabbooks

ISBN 979-11-98060-59-4 (03180)

• 클랩북스는 다산북스의 임프린트입니다.
• 책값은 뒤표지에 있습니다.
• 파본은 구입하신 서점에서 교환해드립니다.